私の生きた時代

ジャーナリストのＤＮＡで考える

磯部朝彦
Isobe Asahiko

八朔社

本書を過去六〇年間にわたり私を支えてくれた妻啓子に捧げる。

この本をまとめるに当たって

私のように名もなく、生前たいした社会的貢献をしたこともなしに、まもなくこの世を去る人間でも、一生に一回は自分の生きた何十年間を振り返り、これだけは後に続く家族や関心のある人々に伝えておきたいと思うことを書きつづる時が来るものだ。

所謂「有名人」という言葉ほど嫌な言葉はない。私はこの「有名人」という言葉が大嫌いで、もちろんそんな心配はないが、もしそのような称号を贈られたとしても、たちどころにご辞退申しあげる。つまり、私の人生は全く平凡なもので何ら書き残すべきことなどないとは思っていたが、良く考えてみると、私にも今まで、他人には言うべくして、言ってなかった自分史がある。自分が歩んできた日々の思い出の中にも、後から来る人々に是非これだけは聞いておいてもらいたい、読んでおいてもらいたい、そして、私と同じ轍を踏んでもらいたくないと思う過去の事柄、私の実体験に基づく自分史があるのではないのか、という思いもあり、あえて本書を書く気になった。将来、私が生きた時代のことを歴史家と言われる人が書く時、事実と異なることは書いてもらいたくないのだ。

これは自叙伝ではない。自叙伝となるとどうしてもお話が多くなる。回顧録でもない。回顧録は山と谷がたくさんある中で、山の部分を漏れなく書く必要がありそうに思える。私のは差し当たり良い事も悪いことも、ずばずば書いていく単なる綴り方のような物、つまりは幕閉じの前の最後の手入れ（Ending Note）と言うべきものであろう。

私は、今日のジャーナリズムのあり方、その運用の仕方に非常に懐疑的であり、批判的である。毎日のようにテレビで見せられる「再発防止に全力をつくします」と頭をさげる人たちの頭、それとともにパチパチパチとパパラッチと言わないまでも、カメラマンどもがカメラのシャッターを押す音、それっきりで終わってしまう事件の数々、「これは金メダリストの意見ですからこれ以上申しあげることはありません」、あるいは「これは宇宙飛行士のかたのご意見ですから」などと言う時のアナウンサーの無表情な顔、重要なことだと考えることでも、数人のお笑い衆が何とか言ってしまえばそれなりになってしまい、それ以上の追求をしようとしない新聞、テレビ、ラジオなどの報道機関。世も末であると思わざるを得ない。

この本をまとめるにあたり、私は本当は「ジャーナリズム」についての博士論文でも書いてやろうという意気込みを持ってパソコンに向かった。しかし、学術論文を書くほどの参考文献の読み込み、種々の事例の検証、そしてその方面の権威者に対するインタビューなどに費やす時間も体力も既に私には残っていないことにすぐに気がついた。そこで、私は今まで心の中でいつも自問自答してきた二つのジャーナリズムに関わる問題、「知る権利」と「どうやって知らされているかを知る権利」という二つの問題（二つと言っても、相互にからみ合った問題であるので、峻別することはむずかしいが）に対する答えを現段階で一応出せればと考えた。とりあえずは問題提起ぐらいの意味しかないものに終わるかもしれないが、以下二部に分けて文章をまとめてみることとした。

私が第一部「価値観のもろさ」の中で書いてみようと思っていることがらは概略次のようなことである。

私の家系は少なくとも祖父の段階からジャーナリズム一家であった。たいした家系でもないので、しっかりした家系図があるわけでもない。したがって、それ以前のことはわからないが、私の母方の祖父が明治の初め、東京日日新聞社（現在の毎日新聞社の草分け）の創設に関与し、その後毎日新聞社の最初のロンドン特派員になっていたし、私の父は最初日本のある通信社に入り、後に移った大阪および東京朝日新聞社で人生の大半を送り、最後は東京新聞社で新聞人としての生涯を終えている。私は三人兄弟（二〇〇七年一月に他界した兄一人と妹一人）の次男であるが、兄は大学卒業後、東京新聞社に入り次いで日本放送協会（ＮＨＫ）で社会生活を終えた。父は当然私にもジャーナリズムの世界に入らせたいという希望を持っていたようである。私は社会科学の大学に入ったことは入ったのであるが、父の希望には沿うことは出来なかった。まず、私の母が反対であった。一方、私には最初からその気持ちがなかったと言うよりも他の世界に興味を持ったというか、いつの間にか全く違う世界に飛び出してしまっていた。しかし、自分がジャーナリズムの世界にいなかったからと言ってジャーナリズムというものに関心がなかったわけではなく、むしろ、口うるさかった父や兄に対する反発もあったのかも知れないが、常に外側からジャーナリズムというものに愛着と批判とがごっちゃになった感情をいだいてきたことも事実である。

二〇世紀が日本は言うに及ばず、全世界にとっても戦争に次ぐ戦争という悲劇の世紀であったとするならば、特に一九三〇年代の満州（現在の中国東北部）が、特にその世紀の初期当時、極めて重要な事件が集中的に起こった舞台であったことを忘れてはならない。

第一部ではその満州で新聞人としての活躍の第一歩を与えられた父の生き様をまず描くことから始めたい。次いで父が満州時代から第二次世界大戦（一九三九〜一九四五年）の直後まで奉職した朝日新聞社の姿、その所業を通じて、新聞あるいはもう少し広く言えばジャーナリズムというもののあり方、それが人々の価値観に与える影響力の強さを私の自分史の中で分析し、評価することを試みてみたい。今日では情報の伝達手段は新聞に限らない。テレビあり、インターネットあり、携帯電話ありである。しかし、私の過去七五年余にわたる人生で、最も身近に接してきた情報伝達手段といえばそれは言うまでもなく新聞である。

私の問題意識はすなわち次のような点にある。情報自体を生み出す客観情勢の変化に個人個人が新聞（現代的にいえば、いろいろのテレビ、インターネットなどなどの情報伝達手段）を通じて接触した時、個人はその客観情勢の変化に関して自分自身の独立した価値観を形成し、それを持ち続けることが出来るのか、出来ないのか、それとも価値観というものは本来非常にもろいもので一日一日変化してしまうものなのか、という問題を考えて見たいのである。

第二部は表題を「言論の自由とは何か――ゆれる価値観の中で考える」とした。「言論の自由」を議論する時、かならず俎上に上るのが「国民の知る権利」である。しかし、「人々が物事をどのようにして知らされているのかを知る権利」というもう一つの「権利」が議論されたことは余りない。

私は大学卒業以来、米国留学、日本銀行（国内、主としてロンドンなど海外）、国際通貨基金（ワシントン、スイス・ジュネーブ）、そして人生終盤で飛び込むこととなったそれまでとは全く異なる「物つくり」の世界、その中でもその牙城といわれる日立製作所に奉職し、さらに、社会生活の晩年も晩年、日本政府金融再生委員会委員を命じられ一応役人生活をも経験、今は日立製作所の名誉職、すなわち名誉顧問として末期高齢者としての生活に甘んじている。最初は物事を取材するような立場から世の中の移り変わりを見ていたのが、一応の社会人生活を送るようになってから、今度はどちらかといえば取材される立場に立たされるようなことが増えたともいえる。過去七五年余にわたり、いろいろなことを体験していくうちに報道される事柄を読んだり聞いたりする側の立場に立った「人々の知る権利」もさることながら、人々には「どのようにしてその情報を知らされているのかを知る権利」というものもあるのではないか、ということに次第に気づくようになったのである。そのような問題について考えてみたいと思い書いてみたのが第二部である。

いずれにしても非常にむずしい問題である。この書物を世に出すにあたり、当然のことながら友人の意見を聞いた。皮肉なことにその友人の多くがジャーナリストないしはその経験者であった。ある友人は私の勇気を称《たた》えてくれ、是非出せといってくれた。他の友人は「おもしろい題材だが、出す出版社だってジャーナリズムの世界に属する会社だろう。やめとけよ」と言ってくれた。ある人は「まあ、お前だってもうすぐあの世に行っちゃうんだろ、良いから出せよ。ここに書いてあるようなことはお前しかもう言う人もいなくなっているだろうからな」と言った。

その通りである。むずかしい題材であることは百も承知である。しかし、私は一般の人々より少しはジャーナリズムに近いところで生涯を送った。私にはジャーナリズムに対する愛着よりも、むしろそれを批判したい気持ちの方が大きい。時には、ジャーナリズムこそ現代社会が生んだ最大の悪業ではないかと思うことすらある。私は別に特定のジャーナリストを憎んでいるわけではない。ジャーナリズムに問題がありはしないかと言っているのである。

当初の意気込みに反して、私の志はあるいは失敗するかも知れない。しかし、最後のチャレンジとしてやって見よう。一部内容が激しくなってしまったところもあるが、この本の内容については、本にするために尽力してくれた私の最も信頼し、敬愛する日立総合計画研究所の白井均氏には何の責任もない。まして、物書きでもない私の分かりにくい文章を一冊の本にまとめ上げるためご援助を賜った八朔社の片倉和夫氏に何ら責任はない。同氏の真摯なしかも精力的なお力添えに対してお礼を述べるだけである。本書の内容についての責任は全てこの私にある。

磯部　朝彦

目次

第二部　言論の自由とは何か——ゆれる価値観の中で考える

装幀：高須賀優

第一部　価値観のもろさ

父磯部佑治の私に残したもの

私は一九三三（昭和八）年一月一日、今からもう二五年以上も前に他界した母に言われていたことによれば、同年元旦の午前一一時ごろに生まれたのだそうだ。場所は今でもその地名が残っている中野区鍋屋横丁の由。どうして朝彦などというおめでたい名前をつけてもらったかと言うと、誕生の日と時間の縁起が良かったのと、その前前年、父佑治の朝日新聞社東京本社（同新聞には今でも東京本社と大阪本社がある）への入社が決まったことから、その朝を取って朝彦としたという。このためと言っては今は亡き両親に悪いが、このため、子供の頃から、「朝彦、コがつく女の子」と言って、これも一昨年他界した兄洋一郎や友達からどれだけいじめられたか分からない。しかし、いじめられたからと言って、今の子供や親と異なり、そんなことは全然気にはならなかった。今日であれば、さしあたり「女の子で何が悪い！」と怒鳴りかえしてやれば、それでおしまいだろう。

考えれば考えるほど、私は多くの長所短所のあるＤＮＡを父から受け継いでいる。冒頭でも触れたように、わが家系は母方祖父も新聞人であったし、私の実父も新聞人として一生を終えたことからして、私の受け継いだのは一口にいうと新聞人としてのＤＮＡと言ってよいだろう。このことは時に私にとって励みになったが、多くの場合、嫌な内心忸怩たる思いをさせる心のシコリの根拠ともなった。この理由はこの書物を読まれると「なるほどな」と分かってもらえよう。

私はジャーナリズムこそ今日の人類の抱える最も大きな害毒の一つであるという立場を捨て切れないでいる。全面的にそう思っているわけでもないので、必要悪と言うべきかもしれない。「そんな馬鹿な」と言う人はそう言えばよい。そう言われても私にはかゆくも痛くもない。だからと言って、私の父親にたいする人としての愛情と尊敬の念は万人のそれと全く変わらないことは言うまでもないし、「報道」の重要性については人一倍の理解をもっていると確信している。

さて、私にＤＮＡをつたえた父佑治についてやや詳しく書いてみよう。

最近、朝日新聞社の知人から父に関する簡単な経歴が届いた（朝日の人事データに基づいたものである由）ので、まずそれを原文のままここに載せさせていただく。

磯部佑治（ペンネーム佑一郎）平一・九・一一死去。八七　群大（筆者注：高崎中ないし前橋中の誤りか）、中大、カリフォルニア大、昭六〜二五　東朝（東京朝日新聞社）社会部、ハルピン通信局長、北支那支局次長、ニューヨーク、ロンドン各特派員、大阪社会部次長、ジャワ（筆者注：現在のインドネシア）特派、ジャワ新聞インドネシア・ラヤ（週刊誌）編集長、帰社。東京・総合計画室翻訳班、退社、国士舘大講師のち教授、著書『アメリカの女性史』（講談社）、『米英新聞雑誌概観』（研究社）、『アメリカ新聞物語』（ジャパン・タイムス）、『イギリス新聞物語』（同）ほか。

父は群馬県富岡市で一九〇〇年に生まれた。生家の隣が日本における産業革命の象徴的存在であった富岡製糸工場で、父の生家は製糸工場前の街道では最も栄え、かつ最も権力のあったコメ問屋であったと言う。江戸時代の中期からそこにあって、周囲の農家から相当な暴利を搾取し、街道一の米穀問屋に成り上がったものであったらしい。当時、コメ問屋の佑治というとそのあたりでは一番の悪がきで、後年父はよく一番尊敬する人物は群馬県赤城山を根城にした博打打ちの親分国定忠治であると言っていたのもうなずけるものがある。これも当時のことだが、父が表に出ると「コメ屋の佑治がでたぞ！」と近所の家々にフレが回り、街道筋の家々は一斉に雨戸を閉めたと言われている。

しかし、これだけは今は亡き父の名誉のために書いておく。父も所謂「有名人」という言葉は大嫌いであったし、決して有名な記者ではなかったが、第二次世界大戦を中心として、その前後の報道人としてはかなり高い評価を受けてきた人である。もし、父が何とか賞を貰ったり、ベストセラーを書いたりしていたならば今の私をめぐる諸事情もかなり違ったものになっていたであろう。この本も出版する時こんなに苦労せず捗《はかど》ったのだろうと思うと、「有名人」ないしは「英雄」なるものをまず作りあげ、そのいわば自らの後ろ盾に育て上げた「有名人」を「馬鹿じゃないか」と思うほど大事にするこの日本という国の国民性ないしはジャーナリズムの特性がますます嫌いになるのだ。

ずっと後年、私が日本銀行のロンドン駐在参事（支店長）をやっていた時、私のオフィスに立ち寄った当時の福田赳夫総理（福田康夫氏の父君）が、私と雑談中に、「磯部？どこかで聞いた名前だな。君の父上はどこの人？」と聞かれたので、「私の父は磯部佑治と言い、群馬県の富岡です」と答えると、「ああ、僕と一緒の高崎の中学ね。そう言えば、僕は君のお父さんにさんざんなぐられたことがあるよ」「へー？　そうだったのですか」と言った会話があった。福田は父佑治の二年後輩であった。世の中はせまい、油断ならないぞ、と思ったことである。

そんなことはともかくとして、私は昭和八年一月に生まれたのだが、生後九カ月にして、父の朝日新聞社満州ハルピン支局開設準備員兼通信局長転出にともない、母花子と兄洋一郎と共に、満州（現、中国東北部）に渡った。このことから、私は以後自分は中国人であると考えることがたびたびあった。もちろん、誇りをもってである。

二〇世紀は日本にとり、相次ぐ戦争と社会的価値観の逆転に続く逆転の時代であったが、私は二〇世紀の戦争の発端となった所謂満州事件の二年後に生をうけ、その後、中・日戦争、大東亜戦争、第二次世界大戦を経て、戦後の社会的価値観の大逆転の時代を生き、その価値観の変転の終結を見ることなしに、どうやらあの世に行くことになりそうである。最初にも書いたが、私は平凡な一人の日本人である。しかし、七五年間の人生でこれだけのことが身の回りで起こったのであるから、やはり一人の人間として後世に書き残したいことを何か持っているのも不思議ではあるまい。私の自分史も豊富な history に満ちていると時に思うのはこういう背景からである。

ハルピン生活

既に触れたように、私は東京で生まれたが、初めて自分の目で見た外の世界が現在の中国東北部満州であったと言うことになる。

おそらく自分にとり人生最初の記憶は、渡満途上、下関から大連までの客船上から見た海上に描くその船の力強い航跡であった。それからまたハルピンに至る間（当時の世界最高速記録を出した超特急「アジア号」は、その次の年の半ばから走ることになっていたので、大連からハルピンまでの旅は普通列車によるものであったのだろうが）、列車の車窓から見た満州の大原野に沈む雄大な夕日が余りにも印象的であったのか、どうも最初の記憶に残った光景というとこの二つであったような気がする。

前にも書いた通り、一九二〇年の後半から一九三〇年の初めにかけての満州は、悲劇の舞台として世界史の中でも永遠に記録される地域となりそうである。日本ならびに日本人にとっては特にそうである。この世に生を受けて間もなくの頃、私はその満州のほぼ中央部ハルピン市において数年間を過ごした。

地図を開いてみると、中国の東北部、やや丸みを帯びた広大な土地のほぼ中心、そこを一寸北に上ったぐらいの所に今ではハルビンと名をかえたその都市はある。一九三三年当時のハルピンはその名が示す通り、東ヨーロッパからの移民、主としてモスクワでのロシア革命を逃れてきた所謂白系ロシア人（王政派ロシア人）が自力で作りあげたヨーロッパ風の小都会に過ぎなかった。人口は白系ロシア人数万人に、原住民満州人数千人だけだったといわれる。幼少であった私の記憶は不確かな部分が多いが、なんでもロシア語で中国人街を意味するキタヤスカヤという町の一角にあった、せいぜい五、六階建てのあまり大きくないアパートに居住することになった。そこは各国が満州情勢の取材に送り込んでいた新聞社の特派員の共同アパートであったらしく、既にフランスのル・モンド社と、イギリスのロンドン・ヘラルド社（その後どこかの新聞社に吸収されたか、この名前では現存しない）の各特派員家族が住んでいて、われわれは、ちょうどそれらの家族の一階下の住居に入居した。一九三三年クリスマスの頃のことである。

ハルピン市のすぐ北側に流れる大河松花江（ロシア語でスンガリー）より外側（北側）には、匪賊ないしは馬賊と称される武装化した山賊の跳梁するおよそ文明のかけらもない（と言われた）茫漠たる原野がひろがっていた。家からの外出は特に子供にとってはいまだ非常に危険と言われていたし、年の九月から翌年五月までは屋外は軽装では出られないほどの酷寒地であったこともあって、兄の洋一郎と私は、家の中で飼っていた二匹のスピッツ犬と上階のフランス人の男の子と、当時七歳ぐらいだったかのイギリス人の女の子と四六時中時を過ごすこととなった。おかげで、幼児の私にフランス語と英語はほとんど母国語のように聞こえたが、やんぬるかな、肝心の中国語は全くの異国語にとどまってしまった。外に余り出なかったからである。幼児の頃、こうして中国語をしゃべる機会が豊富にありながらその機会をのがしたことを、七六歳になる今日、極めて残念なことであったと述懐する。

このようなハルピンでの生活で最も印象的であったことの一つには、毎日大きなバケツと拭き雑巾を持って現れる金髪の白系ロシア人のおばさんの存在がある。いつも廊下の隅の隅からきれいに拭き掃除をしてくれていた。少しロシア語をおぼえた母が休んで一緒にお茶でもと誘っても決してそれに応ずることなく、その挙動はわれわれから見ても極めて丁寧で親切そのものであった。後に父母から聞いた話だが、そのお掃除おばさんは「国のモスクワでは宮殿の一角に住み、こんなことはしたこともなかった高貴な」人だったという。

ずっと後年私は自らの中国語に対する余りの不勉強を恥じて、渋谷駅近くの中国語教室（最近なくなってしまった）に通ったことがある。一年ばかりして自信をもって受けた中国語検定試験、それも最下位の試験に見事不合格、なかでもヒアリングで中国語の発音のむずしさには改めて驚愕、困惑し、それ以上この歳で続けても、という気持ちについに負けてしまった。その後、他のもう少し程度の低い（しかし、先生は北京出身の立派な女性であった）クラスに移ったのであるが、そこでも遺憾ながら初志貫徹はならなかった。

はじめ渋谷の学校で中国語発音のむずしさを嫌になるほど厳しく教えてくれたのはハルピン出身の中年女性であった。この女性がハルピンに帰国する前こんな話をした。「私のお父さんは七五歳（くしくも私と同年輩）になるが、今でも日本語の勉強を続けています。そして、六〇年前、ソビエトの軍隊がハルピンに押し寄せて来た時、お父さんの家に多くの日本人が助けを求めて入ってきたことを未だによく覚えていると言ってます。そういう気の毒な人たちを皆かくまってあげたと言っています。ソビエトの兵隊がたくさんやって来て、日本人がたくさん殺されました。私は間もなくハルピンの郊外で小さいお店を開く夫のところにもどりますが、私の夫も実はその時私の父がソビエト兵から最後までかくまった本当は日本の人」と言うのであった。

私は、一九四五年八月、日本との中立条約を一方的に破って日本に宣戦を布告し雪崩をうって南下して来たソビエト軍から、中国東北人、すなわち満州人が多くの日本人を救ってくれたと言う話は前々から聞かされていた。ハルピン出身の中国語の先生から改めてこのような生々しい話を聞くにおよんで、私どもの全く平穏であったハルピン生活と結びつけ、実に感無量を覚えたものである。私どもは、平気で国際条約を踏みにじったソビエトの暴挙、このソビエト軍南下事件の起こる数年前、以下に書くように同じ中国ではあるがハルピンよりずっと西方に位置する首都北京に移り住んでいた。こういうのを幸いと言うのか、それとももっと別な言い方があるのかも知れない。

そんなわけで、生後九カ月から中国に育った私には複雑な国籍感がある。ずっと後年のことになるが、中国山東省の青島にある総合大学、青島大学から名誉教授になってくれないかとご依頼をうけた。言葉は中国語は出来ず、英語もしくは日本語でよければという条件でそれをお受けすると共に、友人たちからの反対を押し切って、最後に奉職した日立製作所の退職金のほぼ半分を同校に寄付し、自分の名前を冠した奨学金制度をつくり、貧しいが優秀な若い中国人学生を支援することとしたのも、この複雑な国籍感があったからかも知れない。

北京への移動はやはり父の転勤のためであった。しかし、それは、最初ハルピンに足を踏み入れてから四年半ほど後の一九三八年のことであり、その前、父だけ一回社用で日本に帰国している。当時の世相を思いだす便《よすが》にその事に一寸だけここで触れておくこととする。一時帰国した父は、かの二・二六事件（一九三六年）当日の夜、当時数寄屋橋にあった朝日新聞社東京本社にたまたま当直として夜勤をしていたため、暴漢（日本陸軍兵士）に朝日が夜襲をかけられた時の生き証人にされたりした。その事件では、賊軍となった日本陸軍側にイソベという少尉がいて、事件後銃殺刑に処せられた事から、後年勉強不足の週刊誌の記者がよく私のところに「お父さんはお気の毒でしたね」などと言い寄ってきたりしたが、陸軍側のイソベは磯辺と書く方のイソベであって、全然別人である。また、当時何回か来日した俳優のチャーリー・チャップリン（Charlie Chaplin）の世話役などをやらされたのもこの時期だったらしい。今思いだすと、その頃良く母が「新聞記者っていやな職業ね」と言っていたが、しょっちゅう家をあけて居たのをそう言ったのだったのか。

父が東京での特別勤務を終え、再びハルピンに戻って来た頃には私もある程度成長していたし、記憶の方もやや鮮明になって来ている。その頃の父のことを全て良く覚えているわけではないが、ただ、再度ハルピンに帰ってきた頃の父の顔には何かを覚悟したというか、何か重い荷物を背負ってしまったというのか、非常な緊張感があったように覚えている。思うにその頃父は三〇歳の中ごろになっており、新聞人としての社会的責任を実感しはじめていたのではないか。

ある日、父の乗る馬車でスンガリー対岸地方の状況取材につれて行ってもらい、一本道をパカパカ進んでいたら、急遽前方より匪賊の集団があらわれ、慌てた父が持っていたピストルを私の耳元で発砲し、馬車を回して逃げ帰ったことがあった。

その後も何回となく父はスンガリーの対岸にわたり、こまごまと取材を行なっていたようである。その頃の新聞を縮刷版で読むと、紙面中で国外に関係する記事の大半は満州およびその周辺の事情に関するものであった。それに比べると今日の報道関係者は実に大変である。アメリカあり、ヨーロッパあり、中国あり、中近東ありである。内容も政治、経済関係のみならず、現地のひとびとの暮らし、何を食べているか、通勤に車を使っているのかとか、先日、ある新聞にこの国の人々はトイレでオシリを何で拭いているか克明に描いた記事が載っているのを見た。

そのような事は今の私にはどうでもよい。私の関心は父がその頃どんな記事を書いて日本の本社に送っていたのかと言うことにある。

満蒙（満州及びその西北に国境を接していた蒙古、いずれも現在の中国東北部）情勢に、世界の、特に国際連盟加盟国の目が集まっていた当時、父はどんな報告を日本の本社に打電していたのであろうか。当時の「朝日新聞」の縮刷版を見ても記事を書いた記者の名前も明らかでなく、北満の混乱した情勢をやや誇大に書いた記事ばかりが目立った中で、残念ながらどれが父が書いた記事であったのか判明しない。途中から農地開拓、新生活の確立などを標榜して満州各地に定着し始めた日本人のことについては、こと細かく記した記事ばかりが目立つ中で現地住民の生活に関することなどを描いたものはひとつもない。あとから入植してきた日本人開拓農民と現地人、すなわち、満州人との間の軋轢を満州国人の目線でとりあげた記事がほとんど見あたらないのはどうしたことか。あるのは新天地を求めて満州に移住してきた日本人開拓移民の苦労話ばかりである。まして、ヨーロッパから遠路はるばる逃れてきた白系ロシア人の苦労話とか、非文明地区と観念されていたハルピンより北部、スンガリーの対岸に住む人々の生活に関した記事など、私の探した範囲では全く見あたらなかった。まだ国際報道というものが、日本の新聞にはなじまなかったためだったのかも知れない。

父が満州に特派員のような形で入ったのは早い方であったにもかかわらず、あの満州という広大な大地は最初から日本のためにある、日本人が満州を支配するのは歴史的に見て当然であるとの意識が父にもあったのだろうか。ここで、私のジャーナリストのＤＮＡが、ちょっと騒ぎだす。このように全ての記事の内容があたかも日本人が満州の土地をわがものにするのが当然かつ歴史的必然であるがごとき思想に基づいて書かれていたのは、記者自身の「日本人は東洋における唯一の優越民族である」といった選民意識からそうなったのか、それとも日本陸軍（関東軍）の厳しい記事検閲の結果そんな事しか書けなかったからであろうか。父がその時当然書いたであろうスンガリー以北の状況記事の原稿はどんなものであったのだろうか、こんなことが今後残された僅かの時間に私が見極めたいと思う事の一つとなっている。何故ならば、私がこれまで生きてきた間に会ったり見たりした実際の満州や中国東北部の歴史に詳しい人の話からは、当時日本国内にいた日本人の満州または満州人観があまりにも実態からかけはなれたものであったとの印象しか持てず、その差に驚かされたことが、たびたびあったからである。その頃唯一の情報伝達手段であった新聞報道が、その差を生んだとしか結論せざるを得ないのだが。

私がここまで書いた時、たまたま横でつけていたＮＨＫテレビから、アメリカ四四代大統領にオバマ民主党候補が選ばれたとの報道を耳にした。初めての黒人大統領の誕生である。私としてはたいへん結構なことだと考えている。今日世界的な金融危機という言葉を耳にしない日はない。現代人はまさしく情報の洪水状況の中で生きていかなければならないのであるから、これらの出来事を一つ一つ自分が個人としてどう考えるか、個人個人の心の中で整理することがいかに至難な業であるか解明しようにも解明できない。記事を書いたり原稿を読んだりする人たちも大変であろうが、それを読まされたり、聞かされたりする人々も大変である。どうしてもテレビやラジオ、新聞などの報道を仕方なく鵜呑みにせざるを得ないのが現状であろう。しかし、真実とは何か。人々は確かに事実を、事実のみを知る権利をもっている。でも「知る」ということとテレビ、ラジオ、新聞などの報道を聞く、読むということとは別なことなのではないだろうか。こんなことを父が書いていたはずの一九三〇年代初期の中国東北部に関する記事がどんなものであったかということと重ね合わせて思いをはせるのである。

私は父が満州情勢に関する報道として、当時日本に送っていた記事が間違っていたとは当然のことながら思いたくない。しかし、今となっては父がその頃の日本軍部の検閲に対してどんな気持ちを持っていたのだろうか。残念ながら知りたくても知る方法がない。父は、本国にいる読者に真実を伝えることが出来たという満足感を持つことが出来たのであろうか。それとも結局は、真実は伝え得なかったと言う思いを抱いてあの世に旅立ったのであろうか。

北京へ

北支事変と世に呼ばれる事件は一九三七（昭和一二）年七月七日の夜、北京市郊外にかかる盧溝橋という、既にその昔、一二世紀末から一三世紀初頭にかけて、かのマルコ・ポーロも渡った事があると言われる歴史的な橋の付近での中国軍と日本陸軍の間の小競り合いが引き金となって起こった。

それ以前にも原住民たる中国人と、主として北部中国に開拓農民として二〇世紀初頭から急速にその数を増やし移住してきた日本人との間では無数の衝突事件があり、この間の事情については既に何百という文献が出版されている。

特に盧溝橋事件については、日・中どちら側が最初に引き金をひいたかについては未だに諸説紛々である。ただ、私の実感からすれば、やはり日本側の方に勇み足があったのではないかと考えるのだ。なに故にそう考えるのか。その頃日本人が持っていた中国人に対する偏見は相当なものであり、そのような偏見に満ちたイメージからすれば、当然のことながら事件の発端は中国側に責任があったという結論しかでなかったであろうと思うからである。しかるに、その中国人に関する偏見に満ちたイメージは長年にわたり、新聞（およぴ、その背後にいた日本軍部）が本国日本にいた日本人に叩き込んできたものであったことも事実である。父が書いていた記事もそのような偏見に満ちたものであったのだろうか。お父さん、満州に住んでいた現地の人々について、その頃どんなことを書いていたのですか？　本当は、何が書きたかったのですか？　今ではただ空に向かって、空虚な質問を投げかけることしか出来ない。

北支事変の勃発とともに、父に朝日新聞社北支支局（北京支局）次長への転出辞令が出た。われわれ一家は航空機などという便利なものはもちろん存在しなかった当時、ハルピンより、遠路はるばる列車で北京に移住することとなった。中国東北部では春爛漫の季節、白柳が空中に雪綿のような種を舞わせ、随所にあった沼地のハスが今にも開きそうな蕾を水面に並べ出した時期であったので、一九三八年も春先から初夏のことだったと思う。この時期、満州国と中国との国境であった山海関（現在でもこの都市は存在し、万里の長城の北の出発点として多くの人々が集まる有名な観光地となっている）を列車はかならず通過せざるをえなかった。

ハルピンから山海関の近くまでは特急「アジア号」での快適な旅行であったはずである

が、「アジア号」から普通列車に乗り換え、山海関を通過する時が大変だったようだ。この地を通過する列車は、よく中国人の正義派匪賊（現在の言葉ではテロリストという言葉があてはまるだろう）の格好の標的となっていた。このため、われわれの乗った列車には実弾を装填した日本陸軍の兵隊が多数同乗していて常に窓の外を窺っていた姿が目に浮かぶ。私の母花子はこの列車で移動中ずっとわれわれ子供たちを震える手で抱きかかえていたと言う。その緊迫感は相当なものであったろう。

中国では当時、日本人が中国人と同じ地域に居住することは日本軍の命令で禁止されていた。一体、どこからそのような差別意識が出てきたのか？

この頃、日本人の中国観および中国人観がどんなものであったのか。私自身のこの目で見、父母からも聞かされていた当時の日本人の中国ないしは中国人観は前にも書いたようにとにかく偏見に満ちていたとしか言いようが無い。誰にでも、いつの世にでも、他人に対する感情には偏見というものの入り込む余地はある。私はそれを認めないわけではない。しかし、当時の日本人の中国および中国人についてのイメージにはどう考えても普通の人道的常識を逸した蔑視感に満ち満ちていた。

一九三七年一一月に所謂南京事件という大事件が起こっている。この時、日本軍が南京住民に対して行なった暴虐無人な行為が日本人の歴史に一大汚点を残した。私は真偽のほど、その暴虐の程度については証拠といえるほどの証拠を持ちあわせない。

しかし、私は当時の日本人の中国人にたいする見方からして、所謂南京大虐殺事件は起こるべくして起こったものと信じている。この残虐事件の背景となった当時の日本人の中国人に対する優越感は、何故、また一体どうやって醸成されて来たものだったのだろうか。過去何千年にわたり、日本人が中国からいろいろなことを学び、中国から取り入れた文化、特に思想の基盤は決して小さなものではなかったはずなのに。この日本人の一民族としての優越感、選民意識について考える時、ジャーナリストの父を持つ私でもジャーナリズムの権力化、別の言葉で言えば、社会的価値観造成力の絶対的強さに身のよだつような恐ろしさを感じざるを得ない。当時では唯一の報道手段であった新聞はことさら中国および中国人を蔑視する記事を書いた。中国人を「ちゃんころ」と呼び、中国語を「頓珍漢と言えば大抵のことは通じる」下品な言葉と定義づけた。世間ではそれは全部当時の日本の軍部に責任があったとする見方が絶対的である。しかし、新聞には責任はなかったのか。いや、おおいにあったはずである。

私は、数十年後、死線を漂う病床で父が書き残した言葉の中に「もう一回生まれたら、再び新聞記者になる」という言葉のあったことを本書の後半に書く。今私はもう一回でよいから、父に会って、話をしてみたい、そして、どうしてもう一回生まれ変わったならなりたくなるほど新聞記者とは魅力的な職業なのかを問うてみたいと心から思う。父は生前、われわれ家族に対し「次の世界を担うのは中国。中国の将来に注目せよ」を口癖のように言っていた。

そこまで口癖のように言っていた父らしい表現が、たとえ行間にでも感じさせる父の書いた記事を往時の新聞紙上に探したが、その努力は報われずに終わった。

父の中国に関する勉強はものすごいものがあった。北京時代には中国の書を集めていたが、そのなかには路上で名もない中国人の老人が書きつづったものも相当ふくまれていた。父の中国語がどの程度のものであったか、今となっては判断しかねるが、ハルピン、北京時代を通じ、週に三〜四回は必ずレッスンをとっていたようである。中国の歴史にも深い興味を持っていたようであり、時に中国の要人に会ってきた晩などには、母にいろいろ話を聞かせていたようである。私もなるべく同席したが、その会話の大半は私の理解できるようなものではなかった。ただ、よく父が母に「日本人はそういうところをもっとこの国の人から教わるべきなんだろうな」と言っていたのを思い出す。

今から数年前、最後の公職から開放された私は、永田町の国会図書館通いを始めた。午前中に会社関係の仕事をかたづけると、午後はほとんど毎日国会図書館で数時間を過ごした。毎日めざした先は別館の地下にある各種新聞の縮刷版の保存棚であった。私はそこで何を見つけようとしていたのか。

まず、父が第一線記者として活躍していた頃の「朝日新聞」の記録である。父がもし一本でもよい、本名入りの記事を書いていてくれたら、それは何時、どんな問題をとりあげ、いかなる言葉を使って事件を報道していたか知りたいと思ったのである。どんな小さな記事でもよい。父の満州、北支時代の記事でもよい。第二次世界大戦時代の記事でもよい。父がどんな気持ちで書いていたか、それが知りたかった。目が赤くなるまで縮刷版のあの細かい字を追った。しかし、前にも書いたようにその努力は報われなかった。一カ月がたった。何も発見出来なかった。というよりも本名入りの記事というものは殆ど無に近かった。だいたいが○○支局発となっていたり、○○方面本社特派員発という言葉で表現されていたりするものばかりであった。

そういう意味では私の当初の目的は達成できなかった。「今後は中国」「対米戦争は経済的に絶対不利」とあれだけ信じていた父が記事を書いていたとすれば、それらはどういう言葉、言い回しを使って書かれていただろうか。たとえ厳しい言論統制があったとしても、父が書いたとされる記事さえ見つかれば、行間に父がどんな表現を使って、自分の信念を表そうとしていただろうかが少しは分かるのではないかと思うのだったのだが、私が探し求めた答えはついに見出すことは出来なかった。私の失望感は大きかった。

しかしながら、父の記事を探して戦中戦後の新聞を読みあさっているうち、次のような発見があった。これは、むしろ期待以上に大きな収穫であったと言うべきかもしれない。その時々の事件の取り扱い方（特に記事の表題）はジャーナリズム独特の誇大、先走り、捏造としか言えない表現を使い、読者の戦意高揚（戦後のものはその一八〇度逆）をはかるものばかりであった。同じ日の「朝日新聞」の書き方と他の新聞とを比較してみる。まず間違いなくどの新聞も同じ言葉を使うか、時間がたつに伴い、また、中央紙から地方紙に行くにしたがい、段階的に同意義ではあっても、次第により過激な言葉が使われる傾向があることが分かった。

三個、時には四個のテーブルを占領して、それらの上に同じ日付の朝日、毎日、読売などの所謂中央紙を初め、東北、信州、九州などの代表的日刊紙全部を広げそれぞれを見比べてみる。まず第一に驚かされたのは、使われている言葉に若干の差こそあれ、一つの同じ事件を報道するために使われていた語彙が極めて限られていたと言うこと、第二に気付かされたことは、同じ事件を、何十種の新聞があたかも申し合わせたように、同じ方向から取り上げていたこと（例えば、盧溝橋事件の時、中・日のどちら側からまず発砲があったのかなどに関してなど）、すなわち、当時の日本軍部が言論を統制していたにしても、ここまで統制を行なうのには相当の人員とエネルギーを使わざるをえなかったであろう、一体どうしてここまでの言論統制が可能であったのかと問いたくなるほどであった。日本という国の報道の同方向性が改めて明確に浮かび上がっていた。

軍部という権力が背後にあったから仕方がないという人もおられよう。しかし、今日にだって見ようによってはその種の外部権力はあり得る。卑近な例で申し訳ないが、スポーツの世界にはオリンピックのメダリストがいる、科学の世界にはノーベル賞受賞者がいる、庶民生活の中には、お笑いさんもいる、一番はやっている歌の歌手がいる、もっと掴みにくいものとしては「社会風潮」ないしは「社会通念」といわれるものがある。そのような「外部権力」に抗して物を書くということには、昔ほどではないにしろ、非常な勇気がいることはたしかであろう。反面、これらの外部権力に同調して、それらを味方につければ、どんな報道でも可能になるであろう。残念ながら、特にこの国にあってはそんなこと、所謂ポピュリズム発生の可能性が大いにありうるような気がするのである。

さらに改めてびっくりさせられたのは、たとえば敗戦数日前の各紙の見出しと敗戦数日後の各紙の見出しを見てみると、同じ題材についてそれまでプラスと報道していたものが、いつの間にか同じぐらいの角度で平然とマイナスに変わっていること、すなわち、たとえ敗戦によって旧日本軍部による言論統制がなくなってからであっても、あたかも全ての価値観が、今日的に言えば価値観についてお互いが談合したと思われても仕方のないほど、ほぼ同じぐらいの角度でプラスからマイナスに回転していたことである。

私はだいたい都合七〇日をかけ国会図書館に通って分かった驚くべき日本的報道の特色がこれらであった。なかでも印象に残ったのは、最後に書いた、記事を作った人々自身の価値観の大逆転であった。価値観というものはそれほどもろいものなのか。それを読む人、読まされる人の価値観にどんな影響を与えたのであろうか。

今日では、新聞は多くの情報伝達手段の一つに過ぎなくなってしまっている。昭和二〇(一九四五)年日本が敗戦を経験する以前と今日との決定的な差はテレビの普及、さらにはインターネットの出現、携帯電話の普及などなどであろう。もちろん、二〇数年前他界した父はこうした新世代報道の多様化を想像だにしていなかったに違いない。もし父が現在のこの状況を見たとしたら何といったであろうか。そのことを今は亡き父に是非問いただしてみたい。私の恐れているのは、ジャーナリズムに関する限り新聞の権力化という事態は戦争中よりも改善したどころか、今日の方がむしろ悪化しているではないか、と父が言うのではないかと言うことである。社会的価値観が一箇所に留まるところをしらず、未だに回転し続けているのだから当然といえば当然である。さらに書き加えるならば、価値観が変化し続けている背景には往時の軍部というものに代わって、性格こそ違うがいろいろの新しい外部権力が生まれ出てきており、報道の権力化を助けているからではないのか。

北京でのわれわれの生活に話を戻そう。日本軍による中・日居住区分離政策に反してわれわれは一般中国人の居住区の真ん中に住むことができた。しかし、それはあくまでも塀によって区分けされた、一般の居住区から分離された区画に住むということであった。当時朝日新聞社の北支支局は北京市の中心部、旧北京列車駅南東に位置し、天壇公園のほぼ南端に隣接した蘇州湖同という狭い通路の行き詰まりのところにあった。

支局への出入りは高い塀でかこまれた支局並びに支局員の居住家屋の南東側にあった小さな門からのみに限られていた。車の出し入れにはいちいち門をずらして少し広くしなければならなかったことを覚えている。この塀に囲まれた中の居住区には、支局長、同次長、写真部長、その他二、三の支局幹部の家族だけが生活空間を与えられていた。私たち一家もその中に入っていた。

この朝日新聞社の所有した土地は、戦後も朝日の所有するものとして、しばらくの間残されていた。それからずっと後年、一九九五年ごろのことであったが、私がまだ日立製作所の役員をやっていた頃社用で北京に出張の折、通訳の人をつれこの地を訪れたことがある。その時、幸い蘇州湖同はまだ昔のまま存在したが、朝日新聞社のあった敷地はちょうど取り壊され、新しくそこに建設されることになった高速道路の一部に変わろうとしていた。

ふと振り返ると、兄と私が、よく父母の目をかすめ、周囲の高い塀をよじ登って外に脱出し、石蹴りをして遊んでもらったり、路ばたで売っているリンゴの砂糖づけを買ってもらったクウニャン（中国の若い女性のことをその頃そう呼んでいた）の古びた家がまだそこにあったではないか。外からそっと中を窺うと、ゆうに八〇歳を超えたであろう老女が庭で植木に水やりをしている姿が見えた。私はそばにいた通訳に頼み、中に入って、「戦前、あるいは戦争中、この前にあった日本の新聞社の敷地の中から、小さい男の子がちょろちょろ出てきて、あなたに遊んでもらったようなことがあったかどうか。もしそういうことがあったとしたら、その子たちのことは覚えていませんか」と聞いてもらった。そうしたら、「そういうことは確かにあったが、その子供たちはそのあと、どこかに行っちまったよ。もう、だいぶ昔のことになるから名前なんかも覚えていないけど」と言ったそうである。私は思わず目頭に熱いものを感じたが、あえて名乗りをあげることも避け、まもなくこれも近代化のため姿を消すことになろう蘇州湖同を元の方角に戻ることとした。

当時、新聞社は一種の外交機関として、治外法権的なところと見なされていたらしい。遅ればせながら当時の朝日新聞社の勇気ある所業として、このことは記録に留めるべきだと思うのだが、たとえば一寸したことで日本の兵隊に殴られてひん死の傷を負った中国人が新聞社の敷地に逃げ込んで来た時でも、それを追ってきた日本兵を決して門の中に入れなかったそうである。当然軍部からはその中国人引渡しの強い要求があった。しかし、朝日新聞社は原則として軍のかかる要求に対してはその原因がはっきりするまでは厳然たる態度をとっていた、と後で父から聞いた。

私の母は優しい女性であった。そういう中国人を手厚く看病し、時期がくるまで匿ってあげていた。こんなことが日常茶飯事のように起こっていた。子供ながら、何で中国人はそう殴られるのだろう、と最初は疑問に思っていたのであったが、それが、次第次第に子供心のなかにも日本人は中国人より偉いんだ、違うんだという偏見が出て来たらしい。これが正直なところ成り行きとなっていったとすれば、なんと恐ろしい環境でわれわれは育ったのだろうと言うほかはない。

しかし、日本兵に路上でいじめられて逃げ込んで来た中国人にたいする私の母の優しい手当てが口づてに伝えられたことなどがあってか、後にわれわれ一家がこれまた父への帰国辞令により急遽北京を離れることとなった時、旧北京列車駅のホームに多数の無名の中国人が送りにきてくれ、泣きながら母の手にすがりつき、北京に居続けてくれ、そうじゃなかったら、日本に連れて行ってくれと、頼んでいた光景を私は忘れることが出来ない。

そうこうしているうち、私は北京第一日本人小学校に入学した。現地学校への入学は、これまた軍の命令で絶対に許可されなかったためらしい。しかも、これも軍からの命令のためだったらしいが、毎日安全のためと称して、黒塗りの乗用車での通学であった。当時天安門前の広場は日本軍の練兵場兼軍用機のための滑走路であり、時々砂埃を起こして日本の軍用機が離着陸したりしていた。この頃、正確な年月は記憶していないが、朝日新聞社が航空日本の意気を世界に示すためと称して、三菱に依頼して製作、飯沼という操縦士と塚越という機関整備士を乗せ、往路は羽田（もしくは調布か）から、香港、ボンベイ、イスタンブールなどを経て、パリ、ロンドンまで、復路はモスクワ、北京経由で日本に帰国させた「神風号」という飛行機があった。

このプロペラ単発、単葉機が北京に飛来したその日、私は学校の帰り道の天安門広場で飯沼、塚越両飛行士を車に乗せ、そのまま帰宅、両飛行士は我が家に宿泊したことがあった。忘れることのない想い出の一こまである。

ぐっと後年になって、平成二〇年。夏のある日、日本橋の三越の文具コーナーで、はからずもこの「神風号」のほぼ全長五〇センチ大の模型が、ガラスケースの中においてあるのを見て、懐かしさのあまり、つい数分立ち止まってしまったことがある。誰が、一体誰のために、どうやって設計図を手にいれ作ったものだろうか。問い正すこともせずにそこを離れてしまったが、全くの懐かしい再会であった。「神風」という言葉は日本歴史上、一三世紀の元寇の頃からあった言葉ではあるが、第二次世界大戦中再びこの言葉が特攻隊の名称に使われるようになったのは、この朝日新聞社の「神風号」がその契機となったと言われている。私のジャーナリズムに対する愛着といってもこの程度のものかも知れない。

第二次世界大戦勃発、北京からの急遽帰国

一九三九年九月、ナチス・ドイツがポーランドに侵攻、第二次世界大戦が勃発した。この年の暮れ、ヨーロッパでは既に英国、フランスなどがドイツと戦端を開いており、戦局は益々拡大の兆候を濃くしていた。年末になり、私の父は急遽朝日新聞社ニューヨーク兼ロンドン特派員に任命され、主としてナチス・ドイツの空爆下にあった英国の首都ロンドンの状況取材のため、米国経由英国に赴任することとなった。おそらく、米国留学の経験もあり、英語が堪能であったことも父が選ばれた理由の一つであったのだろう。

そのため、私は北京での小学校入学後数カ月で家族とともに日本へ帰国することとなった。北京を離れる時、列車駅で前に書いたようなことがあった後、天津からくねくねと曲がった運河を船で渤海湾に出て、一路神戸港まで帰って来たのである。それから、一時神戸の芦屋に仮住まいをし、学校も芦屋小学校に仮入学して、父のヨーロッパ赴任に備えたのであった。

ところが一九四〇（昭和一五）年正月、既に約二年後の対米戦争（大東亜戦争）勃発を確実視した新聞社は、欧米への特派員に子女の同行を許可しない方針を急遽打ち出し、父は単身神戸から鹿島立ちし、われわれ、母、兄、そして私の三人は、当時千葉県千葉郡幕張町にあった母系の祖父母の家（高木信威家）に間借りをして、日本に残留することとなった。

父佑治の戦争

最初に書いたように、父は群馬県の山から出てきた山猿である。決して父を卑下してそう言っているのではない。有志有望ながら何の社会的背景、人脈、文化的素養を持って世に飛び出してきたわけではないという意味で私はそう言っている。

私は第二次世界大戦中に生きた一新聞人の生き様の例として、父が有力新聞社のヨーロッパ特派員として経験したこと、またそのような新聞人に生き甲斐を与えていたものが何であったのだろうか、戦時における新聞というものにはどのような位置づけを与えられていたのだろうかなどを考えて見ようと思い、本稿を起こした。

明治の初期、日本で最初の文部大臣をやった森有礼と遠い従兄弟関係にあった文筆家高木信威という男が森と意気投合して私立中央大学に法学部を創設した時、群馬の山から出てきたばかりであった私の父はこの高木を深く尊敬し、尊敬を通り過ぎて崇拝するに至り、ついにはその法学部に入学、さらには卒業後、高木信威の家に住み込み書生として入った。

本稿とは直接関係のないことではあるが、それに前後して、日本最初の婦人社会党代議士といわれる神近市子も高木の家に住み込み書生として入り、主人高木と不倫関係に落ちる（この前後の事情については瀬戸内寂聴の小説『美は乱調にあり』に本名入りで詳しく書かれているのでそれに譲る）。高木信威も日本ではおそらくパイオニア的存在のジャーナリストであった。後年、これまた森とともに毎日新聞社東京本社の前身、東京日日新聞社を創設することになる。

高木には娘五人と男子四人、合計九人の子供があった。その長女花子が父佑治の妻になる。即ち、私の母である。なお、神近市子と不倫に落ちた高木信威（すなわち、筆者の祖父）は、その後東京日日新聞社（現在の毎日新聞社）の計らいでおそらく日本人記者としては初めてのロンドン特派員となり、シルクハットを被り英国リバプールの港に降り立っている（私はロンドン駐在中この時の記事を求めてロンドン・タイムズ社を訪れ、磯部家では長く語り伝えられていた「タイムズ」に載ったというシルクハットを被った祖父高木の写真の検索を依頼してみたが、正確な年号ならびに日付がわからず、結局それを入手することは出来なかった）。

父は母花子との結婚前一九二五、六年の頃ではなかったろうか、崇拝してやまなかった高木に勧められたのか、自発的にそうしたのか不明であるが、米国カリフォルニア州バークレイにあるカリフォルニア大学に留学する。金は実家の群馬県富岡の米問屋が出したのか、高木が出したのか詳《つまび》らかではないが、とにかくストロベリー・ボーイ（近隣のイチゴ農家に出稼ぎにでた季節労働者）をやって学費を稼いだというから、かなりの貧乏学生であったに違いない。その頃から父が座右の書として残していた原書の種類からみて、とにかく英語力の向上にかなりの力を入れていたらしい。しかし、この留学で父の得たのは単に英語力だけではなかった。その時、実見したアメリカという国のさまざまな様相、パイオニア精神、その力強い経済力などが、その後の父の人生にどれだけ大きな影響を与える事になったか想像に難くない。

父が留学から帰国した頃、以前書生としてその家に出入りを許されていた高木信威は、従兄弟にあたる森有礼と協力し、前にも書いた通り、全国紙東京日日新聞社（後の毎日新聞社東京本社）の創立に携わっていた。父はジャーナリズムに身を投じようと考えていた矢先でもあり、高木に相談した結果、まず合同通信社（後に現在の時事通信社と共同通信社に分かれる）に就職した。数年後、昭和六（一九三一）年これも高木の紹介で、東京日日新聞社よりも歴史の古い朝日新聞社に移籍、同新聞社東京本社の社会部に配属されたのである。前にも書いた通り、佑治はかつて書生時代に見初めた高木の長女花子を嫁に貰い、かつ、有力全国紙に入社出来ることとなったのであるから、まさしく天にも昇らん気持ちで居た事だろう。その二年後の正月元旦、しかも午前一一時に次男朝彦（すなわち私）が誕生したというわけである。

しかし、日本をめぐる内外情勢はこの頃から徐々に厳しさを加えてくる。父が朝日新聞社に入社した一九三一年九月には、その後約二〇年間にわたる日本の悲劇の出発点となった柳条湖事件（所謂満州事件）が起こっている。一二月にはジュネーブにあった国際連盟の理事会が、この満州問題に関し調査委員会を設置、日本に対する国際的非難の声はいやがうえにも高まりつつあった。一方国内的には未曾有の不況が日本経済を襲い、農村地帯では娘売買の悲劇も日常茶飯事となっていた。年末近くには内閣総辞職（若槻内閣）があり、ついで戦前の日本民主主義最後の悲劇の首相となった犬養毅が、日本の金本位制度の停止に追い込まれている。

当時、新聞社では社会部記者も政治家の番記者を遣っていたらしく、父はいつしか犬養首相と懇意な関係を持つようになっていた。ある夜打ちの晩、首相の私宅を訪問した佑治は犬養から「君にあげるよ」と言われ、「怡」の字で始まるある揮毫を貰う。この五文字からなる揮毫は、佑治が生前、「これを昭和史の原点と考えよ」と言って私に贈った。しかし私が「怡」の字ではじまる五文字（「怡然有餘樂」）の意味する事を理解したのは、それから半世紀以上のち、ある中国人の友人に読んでもらってからであった。私はたまたま国際金融問題に関心があり、各国の金本位制度の歴史を調査していた折、犬養が一九三一年暮れの国会最終日に金本位離脱の決意表明を行なった時の犬養の苦渋に満ちた日記の一節に接し、例の揮毫の意味を詳しく知りたくなったのである。その時判明したのは、「母なる大自然の胸に抱かれて平和な晩年を送りたい」とした犬養の心の声であった。揮毫の五文字には、「世の中の雑念をはなれ、身を真実（自然）に託したい」という意味があるらしい。政治的潮流から一時の離脱を得て、事の真実を見直したい、とする犬養の声にならない声であったのだ。

私は二〇〇一年、この揮毫を丁寧に装丁したうえ、それに私の理解した範囲で詳しい注釈（英文）を加え、当時国際的テロの報復としてイラクの崩壊を期していた米国国民に贈りたいと思い、たまたま関係の深まったボストンのタフツ大学国際関係専門大学院であるフレッチャー・スクールの磯部研究室に寄贈した。現在、同校のイソベ・ルームに掲げられてある揮毫がその実物である。

父は私が正月の元旦に生まれた年、一九三三年の九月、満州事変の戦火の燻《くすぶ》る北満州の都市ハルピンに朝日新聞社の通信局長という肩書で妻花子と二人の男の子を伴い転勤したことはこれまでの頁で既に述べた。通信局長とはいっても実態は支局長であった。反日匪賊の跳梁するハルピンに家族とともに四年間滞在した後（この間佑治だけ単身で一時帰国して二・二六事件などを体験していることも先に書いた）、一九三七年日華事変勃発直後の北京に朝日新聞社北支那支局次長として転出、一九三九年に今度は同新聞社ロンドン兼ニューヨーク特派員の内示を受けるまで、北京に在住、この間従軍記者として、主として徐州方面の前線に派遣され、泥沼化する北支那戦争を取材している。

父がロンドン兼ニューヨーク特派員の内示を貰った一九三九年には、新聞社は既に約二年後の暮ごろには、日本が米英に対し戦端を開く事態に至るであろうことを明確に予想していたようである。父は結局家族を千葉県幕張町にあった、かつての恩師であり、妻花子の両親であった高木信威夫妻の家に預け、単身ロンドンに赴任したことも既に触れた。その後のことはおいおい記すことにする。

父は昭和一四（一九三九）年単身ナチス空爆下のロンドン取材のため渡英し、日本が米英に対し宣戦布告した直後、交換船でパナマ運河を経由して一日帰国して来た（一旦と書いたのは、戦争のなかごろ、父は朝日新聞社からの出向としてジャワ、現在のインドネシアに赴任、しばらく日本の地から離れていたからである）。父のロンドンからの帰国時期などに関する正確な記憶もないが、恐らく客船であったのだから横浜の港に入港したのであったろう。

しかし、母と兄とで父を出迎えに行った覚えも全然ない。ただこれは、昭和一六年一二月大東亜戦争勃発直後のことであったに違いない。

日本の優性が逆転したミッドウェイ海戦（昭和一七年六月）の数日後のある夜のことである。横須賀港に帰投したばかりの日本海軍の某空母から直接やって来たと言って、油くさい戦闘服のまま背中に日本刀一刀を背負った海軍軍人が忽然と当時幕張にあったわが家の玄関先に立ち、「ただ今、帰ってきたばかりだ」「日本はこの戦争には絶対勝てない。新聞社の力で軍と政治家を説得して欲しい」、更に「今それを約束してくれないならば、私はこの場で切腹をする」と言って居座ったことがあった。父のかなり長時間にわたる説得でその軍人はようやく玄関から帰って行ったという事件、わが家にとっては、事件と呼んでよいほどの緊張の一場面があったのを、部分的に記憶している。

後で聞くと、最初の会話の部分だけはわれわれ子供たちも恐る恐る見聞きしていたが、その軍人が背中の日本刀を前の方に持ち直したあたりから、万一の事を思った母が、われわれを中の部屋にとじこめたらしい。どうやってその軍人が父の説得を受け入れ、おとなしく帰って行ったのか。その軍人は外に張っていた憲兵や特高をどう交わして如何にして帰って行ったのだろうか。今となっては答えてくれる人はこの世に存在しない。しかし、どうして父のところにあの軍人が直訴してきたのだろうか。それについてはある程度私にも分かるような気がしている。それだけ当時の父は憲兵に狙われるような反戦主義者であったし、父の勤める朝日新聞社の中にはそうした反戦分子がいたことは公然の秘密のようなものであったらしいからだ。それよりも、当時の新聞社の筆の威力がそのように大きなものであると、一般の人に考えられていたことの証《あかし》としてここに書き加えた。

またいつだったろうか、幕張の家の、普段はわれわれには絶対入ってはいけない事になっていた父の書斎で、うずたかく積まれた本とか雑誌とかの一番上に日本海軍の小型潜水艇がどこかの海岸にごろりと横たわり、周囲の住民がそれを見ている写真を表紙に載せたアメリカの当時の最有力週刊誌「ライフ」が無造作に置かれていたのを見たことがある。これは、戦後いろいろの情報から考えると、明らかに真珠湾攻撃に参加したが、機関に故障を起こして航行不能に陥り、不本意にもハワイ・オアフ島のいずこかの海岸に打ち上げられ、乗組員酒井少尉が意識不明のまま米軍の捕虜になった時のものであったに相違ない。

朝日新聞社には中立国スイス経由で「ライフ」その他の米国有力紙などが数週間遅れで届いていた事を考えると、これは、幕張の家で、父がロンドンから帰国後、昭和一七年初頭の頃であったと言ってまず間違いあるまい。このことも、いかなる時代、いかなる状況下にあっても新聞社には世界情勢を知るだけの手段が整っていたことの証であり、今のようにインターネットというものが存在しなかった時代に、新聞社だけが持っていたネットワークの凄さに驚くとともに、そのような情報を独占的に持ちえた者の社会的責任について改めて感慨を深くするものである。

父は当時の日本人青年としては稀有の事であったようであるが、若くして米国の大学に留学し、日本とは比較にならない米国の巨大な経済力を知っていただけに、対米戦争には強く反対していた。そのような父の反戦思想は、北支戦線に従軍報道員として実戦の現場を見る事になった北京支局勤務時代から、一層強いものになっていたようである。

そのことが何故か日本の憲兵隊の知るところとなり、父が朝日新聞社のロンドン特派員として不在中、そしてその後ジャワ（現在のインドネシア）に軍属として行っていた間、幕張の在の在、武石といわれた周囲は田圃ばかりの中の一軒家、母方の祖父母の家に隠れるようにして住んでいた私ども、即ち、母と兄と私自身の身辺を黒い平服を着た気味の悪い男どもが常時監視していたようである。このことなどは、当時未だ一〇歳になるかならないかの私は後で母に聞かされようやく知った事であり、もちろん自分で気付いていたことではない。ただ時々、黒い服を着た男と家の周辺で出会い頭に出会った記憶は僅かではあるが残っている。あれが憲兵とか特高とか呼ばれ、恐れられていた人たちであったのだろうか。

まず、空爆下ロンドン取材中の父の生活の素描から試みてみよう。私にとって、これはそれほど法外に難しい事ではなかった。私は社会人になって以降、海外勤務が多く、ロンドンには二回、都合六年間という比較的長い時間、家族と一緒に住むことになったからである。

ロンドンという都市にも東京のように地下鉄が網の目のように走っている。東京の地下鉄にも地下数十メートルに達するような深いものも最近では出てきたが、ロンドンの地下鉄は歴史的にももちろん世界一古いと同時にとにかく深いところを走る。

ロンドンのシティ（City）といわれる一角でも、その地区への入り口に近いところにあるセント・ポールス寺院はプリンス・チャールスとダイアナの結婚式が行なわれたところとして有名であるが、私にはもっと違った意味を持つ何か特別の場所のように思われる。ロンドンに最初に三年間勤務した間も、また二回目の三年間も朝晩そのそばのラウンドアバウトを回って通勤した思い出の場所であるというだけではない。いつか、幕張であったか西千葉であったか、自宅の中で私などの出入りが禁止されていた、例の父の書斎でこっそり見た空爆下のロンドンの写真に、あかあかと焼けるロンドン市街を背景に慄然と写しだされたセント・ポール寺院のドームが写っていたからである。あれも米国の「ライフ」誌であったろうか。

ずっと後になって、父はセント・ポール寺院のすぐそばにドイツのV‐2号ロケット爆弾が落ちた時の話をわれわれに聞かせたことがある。それは、シティのあの部分に爆撃が集中した日であった。

そのうち最大級の爆弾の着弾を受けた時、父はたまたま地下鉄セント・ポールス駅のプラットホームにいた。ものすごい雑踏であったと言う。V‐2号の直撃弾を頭上数十メートルに受けた時の衝撃はさすがにものすごかった。その時まで冷静だった周囲のイギリス人もさすがに互いに抱き合い、頭を思わずかかえこんだと言う。ロンドン地下鉄はtubeというだけあって、壁面を硬質レンガで固めた丸いチューブ型のトンネルとなっている。ドドドド、ズシンという衝撃とともに、プラットホームの目の前のレンガが二メートルぐらいはげ落ちて、その一つが隣にいたうら若い女性の足に当たってしまった、と父は言った。

四〇年近くたって私が最初にその地下鉄の駅を訪れた時、その壁面の一部はまだ、表面のレンガの剥落した後が残っていた（このほか、一九七〇年前後のロンドンにはまだいたるところに生々しい空爆の後が残っていた）。しかし地下鉄の狭いプラットホームで、重なり合うように避難していた一般の英国人が、「お互い抱き合って頭を下げたが、悲鳴を上げる者は一人もいなかった」と父は言った。

当時、父にはフランス人と日本人の間に生まれた、当時の言葉でいう混血の若い愛人がいた。いた、と断定的に言えるのはその後数々のそれを裏打ちする証拠があるからである。

私は地下鉄セント・ポールス駅のプラットホームで、戦争中からそのままになっていた剥落したレンガの壁面を最初に見た際、V‐2号の直撃をこの地下数十メートルで受けた時、その女性が父のそばにいたのだ、飛び散った一片のレンガがこの女性のふくらはぎを直撃したのだという直感を持った。マリアンヌというこの混血の若い女性は日本大使館の報道班に所属し、シティの東はずれのほうにアパート暮らしをしていたというから、私の父とセント・ポールス駅でその時居あわせていても不思議ではないように思えた。また、父の勤めていた朝日新聞社のロンドン支局は当時フリート・ストリートの半ばくらいにあったロンドン・タイムズ社の建物の一部を借りていた。フリート・ストリートの端に地下鉄セント・ポールス駅の西端の出入り口がある。ロンドン・タイムズ社とセント・ポールス駅とは目と鼻の先である。

父が後年（終戦直前）日本で出版した著書に『ロンドン防空戦線』というのがあった。私はその本を父から貰い、しゃぶりつくようにして読んだ記憶はあるが、残念ながらその書物をいまどこを探しても見つけることが出来ないでいる。たしか、その本にも燃えるロンドン市街を背景に粛然として立つセント・ポールス寺院の写真がその一ページを飾っていたように思える。もちろんそれは白黒写真であり、いかにも焦土の中にあって、不滅のロンドン魂を象徴するかのような写真であったと記憶する。

父の著書『ロンドン防空戦線』には厳寒のなか、爆撃のため崩れ落ちたチープサイドといわれる道路周辺の民家から生存者を必死に掘り出す老人、女性労働者、そして兵役年齢に至らない男子などの勇敢な行動、パンの配給に文句一つ言わずだまって並ぶ老若男女、各所に閉鎖のバリケードのある中、きれいに洗いこんだ車を堂々と走らせているタクシー・ドライバー、ナチスの空爆下にあってもビルの地下室に開かれたパブに集まった若い男性の獰猛な笑顔などを写した写真が豊富に掲載されていた。

私の記憶の容量はこのような事を断片的にしか記録しているにすぎないが、ただ、父がその著書の最後に結んだ言葉が鮮明な記憶のひとかけらとして残っている。紙の不足した時代の本であるから、ざらざらした貧弱なわら半紙にこう印刷してあった。「もし、木材を多く使用する民家の多いわが国がかかる状況の如き敵からの攻撃を受けたとしたら、一発の焼夷弾から、ロンドンに落下した二〇個のV－2号ロケット弾に相当する被害を受けることになる事は容易に想像できる。実際、このような事態に直面して、本当の大和魂が発揮されるのである」。私には最後の部分が父の文章によく使われた逆説論法であるとしか思えない。父は「そういう事態に立ち至った時は大和魂だけではどうにもならない」と言いたかったのではないか。

「朝日新聞」という有力紙の特派員として、父はあと数年たつと日本に何が起こるかということをわれわれが想像出来る以上の正確度をもって予測しえた立場にあった。私はそう確信している。私の母はすでに九年前他界していたが、父は八六歳の高齢で昭和から平成と年号が変わった一九八八年まで生きた。その年の九月、三人の子供たち、ならびにそれぞれの配偶者に看取られてこの世を去ったが、魂が根絶の空間にさ迷い出すまで、ベッドの脇に鉛筆とメモ用紙を置き、震える右手で文字を書き続けた。死を悟ってから、父は私を呼び、「これからの世界は中国」と言ったし、「アメリカと戦争をしたのは間違っていたよ。あれだけの経済力に差があったのだからな」と言ったりした。日を追って読みにくくなったベッドサイドメモの文字の中に「戦争はシンガポールでやめられたはず」と言うのが死ぬ数日前にあり、「マリアンヌの事もう少し話したかった」と言うのもあった。臨終の数時間前、昏睡状態に入る直前の最後の文章は「再度生まれたら朝日に入る。しかし、それは今のような朝日ではない」と読めた。父はそれほど新聞記者という職業を愛し、しかし、新聞という情報伝達手段に何か底知れぬ危険なものを感じつつこの世を去って行ったのではないだろうか。

私はこのロンドン地下鉄の駅のプラットホームに立った時、父はきっとそのマリアンヌという当時二五歳を前後した美貌の若いフランスと日本の混血女性と生死をともにする覚悟で、あの時この狭いセント・ポールス地下鉄駅のプラットホームの真ん中あたりにいたのだ、ちょうど壁面から爆撃の衝撃でレンガが崩れ落ちた場所にいたのだ、そうだ、そうに違いないとの直感を抱いたのである。私の直感は当たっていたであろうか。父は当時四〇歳前後、ドイツによる空爆は夜に昼に次いで熾烈をきわめた。いずれ日米開戦を信じていた父には明日の命の保障もなかったであろう。ましてや、生きて帰国する事など可能性としては皆無と考えていたにちがいない。父に隠れた愛人がいたとしても、当時の状況を考えると何か許されて良いような気すらしたのである。

私がロンドンに二回、都合六年間にわたり勤務していた間、時々日本に帰国しては話すロンドン市街の変貌振りを懐かしそうに聞く父ではあったが、一回遊びに来れば、と言う私の誘いにはついぞ乗ってこなかった。ジェット機はとうに就航し、羽田ロンドン間は十数時間の距離（当時はすべての日本とアメリカおよびヨーロッパを結ぶ航空機はアラスカのアンカレッジで給油のため一回着陸したので、片道一五、六時間はかかったが）となっていたし、この間アメリカには一人で数回旅行にでた父でもあり、長旅をあまり苦にしなかった父ではあったが、私の在任中ついに一回もロンドンには来なかったのは、当時の甘くも傷ついた記憶を自分の心の中だけにしまって置きたかったという理由があったからなのかもしれない

幻の「シンガポール合意」

私が日本銀行の欧州駐在参事（支店長）として二回目のロンドン勤務をしていた時のことである。ある夜日本大使招待による公式夕食会の席上、たまたま大使の右隣に座らせられた私は、私のロンドン生活は祖父、父そしてこの私で実に三世代にわたる、という話をして、居並ぶ約一八名ほどの人々の一瞬の傾聴をえたことがある。その後すぐに周囲の話題は時代とともに変わったロンドンと変わらなかったロンドンの話題、女性ファッションにドーバー海峡の向こう側の影響を受けた時代と逆にこちら側から影響を与えた時代があったなど、たわいのない話題へと移っていったが、左側にいた駐英日本大使が急に私の耳のほうに口を近づけ、「戦争直前に朝日新聞社の特派員でロンドンにおられたなら、お父上は『シンガポール合意』のことはご存知だったでしょう？」と言ったものである。「いいえ、知らなかったのではないでしょうか。少なくとも私にはそんな話をしたことはありません」と受け流すと、それ以上にその話題を続けたくなかったのか大使は、「いや、それならばいいんですよ」と軽く言い、「貴方で日銀のロンドン支店長は何代目になりますか」とか「ポンドの切り下げはまたありそうですか。一ポンドが日本円で一一〇〇円もしていた事もあったんでしょう。実際、わからんものですな、われわれの給料は一昨年の改正で、円建てにしてもらったら良いようなもんだけど……」など、どうでも良い話題をとりあげ、間もなく夕食会はお開きになった。

その時、大使がつい口にした「シンガポール合意」というのは何だったんだろう。しばらくはそんなこと忘れていたが、やはり私にも新聞人としてのＤＮＡが流れていたのかも知れない。しかも、父が死のベッドで綴った文章「戦争はシンガポールでやめられたはず……」と、何か関連がありそうに思えてくるのであった。

その後移った日立製作所の専務を退任後、私は日立の副社長待遇ということで、同社の企画室と連携の深い日立総合計画研究所という、いわば日立内部の傍系会社の社長を四年間務めることとなった。略して日立総研というこの会社を預かった時、私にはこの機会に父の戦争史を書いてみようと思いたった。本社の専務時代と異なり、少しは自分に自由な時間が出来そうに考えたからである。

その時まず思ったのが「シンガポール合意」と言われるものの存在自体を解明し、もし、そのようなものが事実存在したとすれば、その内容と、朝日新聞社との関係、そしてまた父との接点の有無を確かめたいということであった。

この私にとって解明出来るか出来ないか分からない、掴み所のないこの作業を実際に始められたのは、その五年あとのことであった。といっても具体的な資料が手元にあった訳ではもちろんない。また、各種図書館や戦争資料館での資料発掘は私に合った遣り方とは思えなかった。私はあくまでも生前の父本人から聞いた話や、私が日本や英国で関係者と思われる人々に実際に会って聞いて来た事を、たとえそれがアナだらけの歴史の文書になろうとも、それらを綴り合わせる事によって、私自身が納得する「綴り方」を作りたいと思ったのだ。

実は平成元（一九八八）年夏の終わりごろに父が他界したあと、当時杉並区浜田山にあった父の書斎の整理が、あとに残された私と兄と妹のもっとも大切な仕事になったにもかかわらず、余りにも厳しかったその年の残暑と、まだそれぞれが持っていた仕事にほとんど時間も精力もとられてしまい、整理しきれないままになってしまった。その後、そこの家屋並びに土地は某銀行の所有するところとなり、銀行員の寮が数軒たてられることとなり、父の書斎に残された千差万別の資料も、最後にはブルドーザーのキャタピラの蹂躙によりこなごなにされてしまった事はかえすがえす残念なことであった。三人の兄弟はそれぞれ最も貴重と思われるものの内、ほんの一部のものは持ち出しに成功していたが、大部分は疲れきった身体には余りにも重く、細かく、しかも、どこに何が詰まっているか分からない書斎兼納戸はわれわれの足を自然と遠ざけたのであった。おそらくブルドーザーが粉々にした紙束の中に「シンガポール合意」といわれる、普通の歴史の本には登場しない事件に関する資料も入っていたに違いない。

〈余　談〉

まさしく余談になるが、先日、星亮一氏の名著『偽りの日米開戦』（大和文庫、平成二〇年七月一五日発行）を読んでいて、人生は奇遇の連続、という私の人生観の中の五分の一ぐらいを占める重要な法則のようなものの一例に遭遇したので、新たにここに挿入することにした。星先生の了解を得ているわけではないが、先生もこの奇遇について、私の記述には反対しないと信じここに書かせていただく。

私どもは第二次世界大戦終了後しばらくは西千葉の家で暮らしていたが、私の大学が東京といってもかなり西の端の方にあり、当時は混んでガラスが割れるので有名な総武線と中央線とを使っての通学が、若い私にも相当なエネルギーを消耗させることであったこともあり（当時、私の大学は国立にあり、私のように千葉からの通学者には家が近すぎるという理由から学生寮には入れなかった）、東京のしかるべき土地をさがし、そこに移り住もうという考えで、家族の意見は一致を見ていた。広い東京に新しい土地を探すといっても、所詮は時間的に比較的余裕のあった兄と私がそれを行なうしかなかった。

数カ月の土地探しの末、私は杉並区の浜田山というところに偶然私どもの家族構成からいっても、父、兄、私の通勤・通学にとっても便利な一軒の売り家に到達したのである。当時の浜田山近辺はまだ京王井の頭線浜田山駅から、北数キロにある都立豊多摩高校までの間に数軒の農家と住宅が散在するだけの田園地帯で、昔の千葉県幕張町を想起させるような簡素な武蔵野の原野であった。そこに全くの偶然の機会から一軒の家が売りに出ていることを、井の頭線となり駅の永福町駅前にあった不動産屋に教わり、訪ねて行ったのである。井の頭通りより北側、豊多摩高校との間の畑の真ん中にあったこの一軒屋には、風間〇〇（失礼ながら下のお名前を失念した）との表札がかかっていた。親切そうな奥様に招じいれられ、お茶をご馳走になり、なかを簡単に見せていただき、これぞ、これからわが家とするにふさわしい家と、心の中で決め、家へ帰り、父母や兄弟に報告した。その後、話は不動産屋を通じて万事円満に運ばれ、約七年間住み慣れた西千葉の家から、ここ浜田山の家に移り住んだのである。父母もこの家で生涯を閉じ、私は新婚早々の数カ月をこの浜田山の実家の道を隔てた前の家の六畳一間をお借りし、生活をした想い出の深いところである。

この家の土地はかなり広く、昔流に言えば三〇〇坪ほどあったろうか。父はすっかりこの土地が気に入り、家の中央部に納戸とも書斎ともいえない自分の部屋を築き上げ、その中にあらゆる書籍、新聞の切り抜きの束、資料、古い写真帳、自分の覚書帳などを積み上げた。本人はどこに何があるかは分かっていたらしく、新聞記者を引退後、亡くなるまで、毎日よく陽の当たる六畳間の決まった場所に座り、本を読み、書き物をし、母は別途、母の居場所を得て幸せな余生をおくった。兄洋一郎夫妻の家と妹雛子夫妻の家も同じ敷地内にあり、次男坊の私はその間家族を連れ、世界中を飛び回り、あるいは外国に住んでいて、父母と一緒に生活したことはなかった。今となれば、孫すなわち私の子供たちをもっと生前の父母に見せてやればよかったなとは思う。如何に公務多忙とはいえ、私どもは兄夫妻、妹夫妻に老父母の世話を全部まかせたという意味を含め、親不孝者だったと考えざるを得ない。

余談の本題がだいぶ遅れてしまったが、例の星亮一氏の本に風間章（近衛文麿の側近の一人）の名前が記述されているのを見て、さらに風間章の『風間日記』（みすず書房）のご紹介を読ませて頂き、実は非常にびっくりしたのである。私が全く偶然に不動産屋の紹介で探し出したこの浜田山の家は、風間章氏のご長男がご尊父の他界後数年間住んでおられた家であったのだ。しかも星先生によると、この方のご尊父風間章氏は茨城県水街道出身の政治家で、もともとはジャーナリストであり、大阪朝日新聞社記者、信濃毎日新聞社主筆をへて、茨城三区から国会議員となられ、第一次近衛内閣の内閣書記官長、第二次近衛内閣の司法大臣をつとめ、戦後も国会議員に連続五期当選、晩年は社会党の顧問として日中国交回復に尽力された方だという。しかも、対米戦争には反対の主張をはっておられた方であるとも書かれてあった。私はこの浜田山の家を探し当てた時、不動産屋から、そのごく一部の話は聞いていた。しかし、それを父に報告したかどうかは記憶にない。何でも風間章氏のご長男は、当時荻窪界隈にあったさる有名な自動車エンジンの製造会社の技術部長をやられておられたと記憶する。その自動車会社はその後、日産自動車の一部になっている。

その時、ご長男の風間○○氏は、たしかご尊父（章氏）がここを長く書斎として使っていたようなことをおっしゃっておられたのを、今思い出したのである。全くの偶然とはいえ、あの浜田山の土地（現在はどこかの都市銀行の行員寮が建っている）は、「朝日新聞」に関係のある資料をだいぶ吸い込んだ土地である。しかも、日・中とも何か関係があり、また、対米戦争に反対した二人の「朝日新聞」記者が生きていた土地でもある。あの土地を探し当てた当時、もっとどんな方が住んでおられたのか勉強してみるのだった。私のジャーナリストのＤＮＡもたいしたことはないと思わざるを得ない。

〈余談〉終わり）

英国もまた世界有数の海軍国である。時代はまた遡っての話となるが「一九四一年当時、もうあと一年も第二次大戦の終結がのびていたら、私自身、日本海軍の幹部養成学校、すなわち海軍兵学校を受験していただろう。あの当時、私ぐらいの男子は殆どが軍人になることを夢見ていた。多くの友人が海軍兵学校入学を志望していた」。こんな事をある親しい英国人の友達に話した時のことである。一九八三年、私の二回目のロンドン勤務の頃のことであった。どうしてそんな話に入っていったのか思い出せないが、話は一九四一年一二月、日本が英米と戦端を開いた二日後にマレー半島東方沖で日本空軍の爆撃を受け沈んだ英国海軍の最大の誇りであった戦艦プリンス・オブ・ウェールズおよびレパルスに及んでいた。

いかに親しかったとはいえ、相手はどちらかというとスノビッシュと言われる古いタイプの英国男性である。彼はよくは覚えていないが私に理解不能な多くの皮肉たっぷりの言葉をぶつけてきたに違いない。そのような事はほとんど覚えていないが、ふと、彼がその時、一九四一年一二月日英開戦の直前、両戦艦の極東回航期日の予定に関して当時の英国海軍大臣とチャーチル首相の間に重要な意見の相違があったと言ったのを最近思い出したのである。

この英国人はその風貌からして最初どこかの大新聞社の記者かと思ったのであるが、そうではなく大戦中タイムズ社の軍事顧問のようなことをしていた男であった。ある邦銀支店長の更迭パーティーで席がたまたま隣り合わせであった事から、会うと話をするようになった。さらに、彼の父親というのが、第一次大戦の頃、ヨーロッパの西部戦線にも従軍した事もあったというれっきとしたロンドン・タイムズの特派員であった事を知ってから、急に親近感を覚え、しかも、前にも書いたように彼にも英国海軍にかなりの造詣があったので、話が、第二次大戦の冒頭マレー沖で沈んだプリンス・オブ・ウェールズとレパルスの話になったのだろう。

以下は主としてこの英国人の話と、私が戦後父から聞いた話の符号点に基づいた、私のやや勝手な「綴り方」として読んでもらえれば良い。

日本政府が一九四一年一二月八日に「本日未明西太平洋方面において米英軍と戦闘状態にいれり」と言う、威勢の良い大本営発表を皮切りに米英政府に対し宣戦を布告し、ハワイの真珠湾で米国太平洋艦隊にほぼ壊滅的な打撃を与えた僅か二日後の一二月一〇日、英国が世界に誇った不沈戦艦二隻（巡洋戦艦プリンス・オブ・ウェールズ三万五千トン、および巡洋艦レパルス二万三千トン）は日本陸軍の爆撃機の襲撃をうけ、マレー半島東方沖で沈んでいる。この報道が日本に伝わった時の国民感情からして、二日前のハワイ真珠湾における米国太平洋艦隊撃滅の直後のことでもあり、それは旗行列をするぐらいではおさまらないほどの興奮状態をもたらしたのも当然であったといえよう。当時小学校三年生であった私なども友達と抱き合って喜びを分かち合ったものである。

第二次世界大戦がまずヨーロッパで、次いで太平洋を挟んだ形で進行を始める数年前に、既に父の奉職していた新聞社のなかには英米、なかんずく米国と事を構える事に絶対反対する記者が数人いた。父は死を目前にして、「もう一回生まれたら朝日新聞社にはいる。しかし、それは今の朝日と違う」と言い切っている。何が違ったのか。

父が若かった頃、新聞社の編集局に、日本の勝利に疑問を持つ記者がいたとしよう。そこに、新聞社の土台骨を支える長老数人がいて、そのような若い記者を社運、あるいは自分達の生命をかけても支援しようとしてくれていた。それらの若い記者に生命の危険が迫れば、その新聞社にも彼らを守り抜くだけの勇気と意地が存在していたに違いない。おそらく父が勤めていた頃の朝日新聞社にはそのような長老が何人かおり、記者を取り巻く雰囲気も上のようなものであったのだろう。

現代の報道機関ではどうか。ある問題について、若いが絶対的な信念をもった記者が居たとする。そして、その記者は自分の信念に基づき、ある事柄に徹底的なメスをいれようとする。そのメスが次第に暴走するようになったとしよう。現在の報道機関には残念ながらその若さの暴走を抑える力量を備えた長老と言える人たちがどのくらい居るだろうか。確かに経験豊富な年長者がいても自分自身に確固たる信念が欠如しているため、若き生命の繁殖をただ見過ごすだけである。これでは自分自身の信念に基づいた心身両面からの真の支援が出来るはずもない。誤解をとくために、特に書いておくが、私は現在の朝日新聞社を描いて書いているのではない。報道機関一般を念頭に置いて書いている。

報道には正しいもの、間違ったものが生まれるのは当然である。問題は間違ったものが増殖を進める段階で、所謂長老たちの知恵と経験がそれを阻止しなければ、その間違った報道は間違った情報のまま自己防御力を付け自己増殖を始め出すであろう。その報道が間違ったものであるかどうかは、もうその頃には不問に付され、読者に対してその報道を知らなければ自分は社会から阻害されると言う一種の恐怖心を生みつける「押し付け」作用が発生してしまう。自らを公共報道機関と称する報道機関に特にこの性格が強い。読者は、あるいは、視聴者はこれを読む又は見る義務があると言う思いにいつの間にかされてしまっている。これこそ、「公共報道機関」という名称（私のいう外部勢力）に後ろ盾を得た報道の権力化である。特に、昔だったら軍といわれる武器を保有する後ろ盾が使えた。現在はそのようなものはない。仮にないとしても、報道が権力化する時に後ろ盾になってくれそうなものはそこらじゅうに存在する。所謂「有名人」もその一つであろう。有名人がこう言っている、ああ言っている、というだけで、その報道の内容が正しい正しくないを別にして、とにかく報道としての存在は担保されてしまう。ここに所謂ポピュリズム発生の危険が生まれる。

私は新聞記者の子供である。また、私の友人にも新聞記者も多い。あるいは現在テレビ局に勤める人も少なくない。そういう人々に耳の痛くなる私の考え方をここで述べなければならない。アメリカ大統領選挙、わが国の政治における○○党総裁選挙、そのほかスポーツの世界にも、学会にもある、芸能界にもある、あの報道機関の馬鹿騒ぎは一体なんだろう。そういう選挙、あるいはオリンピックのような大競技がないと、つい暇をもてあます報道人がいるに違いないと思ってしまう。かれらは自分たちが書き立てる人が有名になれば面白いと考えるのだろう。「やり甲斐がある」「人々の知る権利を守っている」と自ら信じながらそのようなことをしているのだろうか。報道人は英雄を自分で作ることを何よりも好むらしい。良い政治家が出て来ないわけである。報道が勝手に候補者を作り、わいわい書き立てて、いつのまにか、書き立てられる人間もその気になって、大統領が、党首が、総理大臣が生まれてしまう。まず選挙する一般人ありきではなく、まず報道機関ありき、である。報道機関はかってに自分たちが何故この人を大統領に推挙するか、総理にならせたいか、いろいろ理由を並べるが、真実でもあり、真実ではない部分もある。結局は報道の良し悪しを見抜けない人々、個人個人に責任はあるのだと言うことになってしまう。しかし、筆の力、カメラの力で報道機関と対抗する手段を一般人は持ち合わせていないと言うことを忘れないでいただきたい。報道機関に対し「それは間違っていないか」と言いたくてもそれを言うだけの手段を持っていないということを。

特に公共報道機関と自他ともに認めるような報道機関の責任は重大である。公共性があると言われれば、老若を問わず、善男善女はその報道機関の言うことは正しいと思ってしまう。それは、その報道機関を正しいと思ってしまう一般人の方が悪いのだという反論もありえよう。しかし、そのような危険があることを知りながら、こちらは「公共」報道機関である、視聴者の払うお金をもとに公共的な報道をする、つまり、こちらの報道することは正しいのだと言うことを、読む人、聞く人、見る人に信じさせる報道機関こそ反省すべきではないのか。本当の英雄は、こつこつと社会のゴミを拾って歩いているような普通の人であり、自分の家族を愛し、会社人間であれば自分の属する会社のためにあくせく働く一般庶民、目立たないが、そういう人がいなかったら、社会生活がおかしくなるというような仕事にたずさわる普通の人こそ真の英雄、ヒーローなのではないのか。そういう人にこそ報道は陽をあて、生き甲斐を与えなければならないのではないかと私は思うのだが現実はその逆である。報道機関にとっては、戦時中の軍部、現在でも、例えば有名な作家、有名なスポーツ選手、大半の人が愛好する人気歌手、そういう人（私はこれを外部権力と呼ぶ）が背後におり、仮にそういう外部権力がその報道機関の味方になってくれたとすればこれほど好都合なことはない。「公共報道機関」という時の「公共」という名称もそのような外部の権力の一種である。

戦時中の朝日新聞社の例では外部の権力はたまたま一部の記者にとってはやっかいものの軍部というものであった。その軍部という外部権力に抗して戦争に反対する若い記者を自己の命にかえても守ろうとする自分自身も信念をもった長老がいた。このような状況下、昭和一四年ごろの朝日新聞社には自らを権力にまで昇華するだけの力は、おそらくはなかったであろう。しかし少なくとも、若い反戦記者を守ってやろうという意思が一部ではあったとしても、長老といわれる者の中にあったのではないだろうか。そこを、父が「今の朝日と違って……」と言ったのではないか。こう言うと現在の朝日新聞社に大変失礼かもしれない。したがって、もう一回書く。ここではたまたま話の成り行きから朝日新聞社を標的にしたような書きかたになってしまったが、私の真意はそうではない。現代のテレビ、新聞、ラジオなどの報道機関一般を頭に描きながら書いている。

昭和二〇年ごろの朝日新聞社としては、それら反戦を身の危険をかえり見ず主張する若い記者たちの生命を軍部の圧力から守る手段としては、それらの記者を中立国ないしはまだ交戦国となっていなかった欧米諸国へ特派員として赴任させるほかないと考えたのであろう。これは、のちにゾルゲ事件と呼ばれるようになる軍機秘漏洩事件とは性格の全くこととなる行為であった。若くして米英の事情を知り、国防上、敵国との経済力、ないし抗戦継続力の差のあまりの大きさに日本の将来に懸念を抱く記者たちがいたとして、かれらの若いエネルギーをどう処理するかの問題であったのだ。

笠信太郎記者がまず中立国スイスに特派員として赴任した。そういう米、英などとの戦争に絶対反対した記者が朝日新聞社のなかに全部で七、八人いたようである。その末席を汚したのがどうも私の父であったらしい。父がロンドン兼ニューヨーク特派員となったのには、そんな背景もあったようである。

父がサンフランシスコから、すべての窓に黒幕を張られた米国大陸横断鉄道でまずニューヨークに行き、そこから英国のリバプール行きの船で大西洋を渡ったのは一九三九年の初夏、ちょうどロンドンがナチス・ドイツのV‐2号による激しい空爆を受け出した頃であった。

ロンドンに到着した父は、すぐさまその前の月にスイスに赴任していた父の平素尊敬する先輩、笠記者に連絡をとった。その後父は空爆下のロンドンの状況を取材する傍ら、ある時期からリバプールの軍港をたびたび訪れるようになった。そして、当時英国が世界に誇る三万五千トンの新鋭戦艦プリンス・オブ・ウェールズの停泊を確認している。岸壁をはみ出すように繋留されていた同戦艦の威容に、ある種の感動さえ覚えたと言っていた。それも一回の取材ではなく、月二回ぐらいのペースで同戦艦の所在を確かめていた。

一九四一年の秋、父は当時の日本大使館付駐英海軍武官から、いよいよ日米英の開戦が近いことを知らされたらしい。例によってリバプールに出かけた父が、おそらくこれがロンドンからの最後の報告になったのではなかったか、スイスの笠先輩記者にプリンス・オブ・ウェールズが繋留を離れ所在不明になっていたことを連絡した。その時の笠記者の言葉を父が後になって私にこう聞かせた。「何、もう一回言ってみろ。プリンス・オブ・ウェールズがいなくなった？　一体どこにいったんだ、君。それを聞いてこなかったんじゃ、何のために今まで何回もリバプールくんだりまで行っていたんだ！」と凄い剣幕で父に言ったそうである。

父は日本が米英その他連合国と戦端を開くや、英国政府が用意した交換船（日本側ももちろん英国外交官、政府役人、中央銀行職員、報道関係者など及びその家族の帰英のために交換船を用意していた）で帰国することとなった。一種の強制送還である。その時父のカバンの中に若い女性が手渡したとしか思えない日常雑貨があり、後に私の母との間でこれが問題をかもし出したらしいが、私たち子供たちにはそれらが何であったのかなど分かろうはずはなかった。

ちょっと本題からはずれるが、長い大西洋上の船旅の無聊《むりょう》を、父と一緒に毎日ピンポンで癒した仲間の一人に、日本銀行ロンドン事務所からやはり帰国の途中にあった佐々木直という同年輩の若い職員がいた。この人は戦後三〇年を経ていつしか日本銀行の総裁になっていた。一九七二、三年ごろ、すなわち、戦後の世界の金融経済がニクソン米国大統領の突然の通貨制度の変更宣言に端を発した一大危機（現在の世界的金融危機は何のことはない、この続きである）を迎えた頃である。当時私はたまたま佐々木総裁の外事問題秘書をしていたが、そのある日（たしかロンドンでのG7の会議の帰途であったと記憶するが）、アリューシャン列島上空を飛行中のジェット機のなかで、突然「君のお父さんは何をしているんだね」と聞かれ、「『朝日新聞』の記者でしたが、今は東京新聞に移って外報部長か何かをやってます」と答えると、「まさか、戦争が始まった頃ロンドンにいた磯部君じゃないだろうね」「はい、そうですが……」ということになった。人生にはいろいろの偶然があるものである。

しかし、このようなことは本題ではない。本題は戦前に存在したと一部に信じられている幻の「シンガポール合意」である。佐々木総裁は日本銀行の中では「怖い総裁」として幹部から恐れられる存在であった。ところが、何故か最初から私を実の子供か孫のように可愛がってくれた。運命の糸が初めから二人の間にあったのかも知れない。

実は「シンガポール合意」についてもある時佐々木氏に聞いてみたことがある。私が本気になってそのような合意の存在を追ってみようと考えるようになったずっと以前のことである。「知らないなあ。たしか香港が日本軍の手に落ちたら、講和についての交渉を始めるということじゃなかったかな」と言う筈であった。その時私はもちろんそのことを聞きながしていた。しかし心ある人々の頭の中には、第二次大戦初頭、いまだ日本軍の優勢が保たれていた時期に、講和のチャンスを作る可能性があったのではないかという憶測が存在した証拠とも思われた。

私が日本銀行を離れ、日立製作所に移り、それから一〇年以上たって、「シンガポール合意」と真剣に向かい合う気持ちになった時、私はハッとなった。一生懸命その時はもうすでに他界されていた佐々木氏との会話の内容を、思い出そうとした。しかしそれは無理であった。上に書いたようなことを、彼が私に言ったことだけが心に残っているだけであった。

以下に述べる所謂「シンガポール合意」の内容等はあくまでも父の残した言葉、私の英国人の友人たちの話、ウィンストン・チャーチルの回顧録をはじめ、旧日本軍関係者（例えば『戦艦大和の最後』を書いた日銀での先輩である故吉田満氏など）や、戦時問題研究者（半藤一利氏、星亮一氏などなど）による膨大な数の書物、私の実の兄洋一郎（二〇〇七年一月急逝）の証言、洋一郎が父の書斎から持ち出していた資料の一部、東京朝日新聞社ＯＢの方々の断片的な話などから、私なりに調査し、構成してみたものである。これ以外の第三者の、より有力な資料に裏づけされた「綴り方」が出てきたら、それにどれだけ対抗できるか自信はないが、相当程度の信憑性のある話として読んでほしい。

私の掴んだものはこうだ。第二次世界大戦が大東亜戦争に拡大の兆しを濃くしていた一九三九年夏、当時の英国首相ウィンストン・チャーチル、日本の外務省の最高責任者広田弘毅との間に、ある戦争行為中断に関する秘密協定が結ばれようとしていた。協議は英国政府、英国軍部と駐英日本大使館の間で、日本大使館と東京との間は暗号無線を使った通信を使ってかなりの期間行なわれていたらしかったが、彼らが終局の目標としたものは「戦局が東南アジアの旧英領植民地にまで波及し、なおかつヨーロッパ戦線の終結が早い将来に予想されない状況にあった場合、日本軍の南下がシンガポールに及んだ時点で講和の交渉を開始する」というものであった。それまでの両者間の交渉の難航状況を踏まえ、最終的に英国側から次の二点の条件が示されたといわれる。

一　英国政府と日本軍部の間に信頼にたる第三者機関として、英国ロンドン・タイムズ社および日本の朝日新聞社を介在させ、予備並びに戦後処理に関する交渉をおこなわしむること。

二　これは英・日間の二国間条約とし、第三者交戦国の戦闘行為を一切束縛をするものではないことを確認すること。この条約の違反行為が存在した場合はロンドン・タイムズ社および朝日新聞社は協議のうえ、全世界にこの条約の存在を公表する独占権をもつこと。

日本側からはこれに対し、最終条件として以下の一点が提示された。

一　英国は極東での戦争勃発にもかかわらず、現状以上の戦備の増強は極力行なわない。とくに極東方面の海軍力増強につながる行為、例えば、新鋭戦艦プリンス・オブ・ウェールズの極東回航は戦備の増強の手段としてはそれを行なわない（本件チャーチルも同意かつ確約）。ただし、シンガポールならびにその周辺地域の英国軍撤退にこれを使用することはこの条約違反とは看做さない。

朝日新聞社は現在もそうであるが、東京と大阪に本部を持ち、その頃には海外支局および特派員網も充実、軍部、政界に対する影響力の強さでは（もちろんある種の制約の範囲内でのことであったが）、他社の追随を許さない日本を代表する強力かつ公正な報道機関であると世界中が信じていた。テレビという人間の視覚から直接マインド・コントロールをしてしまう、ある意味では極めて非文明的な、危険と言っても過言でない報道手段はいまだ存在しなかった頃のことである。それだけに、新聞記者たち、ならびに新聞社の上層部の社会的責任は大きく、それだけの自覚も記者たちにあったものと考えられる。

しかし、なぜ両政府の外務省でなく新聞社が両国の仲介役としてこの条項に入ったのか。ここのところが実は問題である。また当初、英国政府が前のような最後に掲げた条件が日本側から出されるとは思っていなかったようである。

当時朝日新聞社の最高幹部の間では、日・英両国とも軍部がこの条件を受け入れることにはかなりの困難を伴うであろうとの意見のほか、上記新聞社が出てくる箇所では、朝日新聞社にとり、相手方ロンドン・タイムズ社と同じような関係にあったアメリカのニューヨーク・タイムズ社を蚊帳の外においていて良いのかという議論があったと聞く。ともあれ当時の編集局担当役員、編集局長は、主としてこの日・英合意案に関与し、反戦を唱える若い記者では最年長の笠信太郎に密かにこの合意案の正当性、可能性などの実際の調査・研究を命じたという。私の父が最初からこの密議に参加していた証拠はない。ただ、ロンドン兼ニューヨーク特派員の内示を北京支局在任中に受けた段階で、すでに本件の概略を知らされていた兆候はあった。父が一九三九年春、子女を日本に残し神戸港を旅立った時にはニューヨークに留まることはせず、一刻も早く英国行きを目指し、英国ではロンドン空爆の状況もさることながら、リバプール軍港に停泊中の浮沈戦艦と言われたプリンス・オブ・ウェールズ号の動静に監視の目をそそいだのも、ひとたび英国が日本と事を構えた時に同戦艦が極東方面に出撃してくることのないよう笠先輩記者から厳しい「監視」の指示があったからであろう。一方、笠記者もたびたびロンドンに飛来し密かにロンドン・タイムズ社の首脳と何やらの交渉を始めていたらしい。それが、一九四〇年一一月の末、交換船でのいわば強制帰国の直前、父がリバプールに最後の訪問をした時には、プリンス・オブ・ウェールズはいつのまにかリバプールの港をはなれ、消息を絶っていた。すでに、高速巡洋艦レパルス号を同行し、大西洋を南下中であったか、もうすでにシンガポールに碇をおろしていたのである。後に英国首相チャーチルはこれを英国海軍省の「独断」であり、「暴挙」であるとし、しかも米英が日本に対し宣戦を布告した二日後にマレー半島沖で日本空軍爆撃機の空襲をうけ、プリンス・オブ・ウェールズが僚艦レパルスとともに、この南の海の藻屑と消えた時にはチャーチルの怒りは最高頂に達したといわれる。海軍大臣以下幹部を即刻更迭、ひとたびも手放すことのなかった葉巻を廊下にたたきつけたとさえ言い伝えられている。

一方、日本外務省並びに朝日新聞社はこれを重大な「シンガポール合意」の条件の違反としてとらえたことはいうまでもない。あの時、笠記者が「プリンス・オブ・ウェールズがいない？　そんなことあるものか！」と電話で父にどなりつけ、その父もその後何年もたって、死を目前にしたノートにたどたどしく「戦争はあそこでやめられるはずだった」と書き残したのも、プリンス・オブ・ウェールズ回航に関する英国側の欺瞞行為が残念でならなかったからではないか。マレー沖で英国の誇る二大軍艦を航空機の爆撃で沈めるという、歴史上かつてなかったような日本にとって快挙の日、ロンドンから交換船で帰路についていた父は大西洋上どの辺の船中にいたのであろうか。おそらくそのニュースはどこからか入っていたに違いない。いや、父はすでにプリンス・オブ・ウェールズおよびレパルスが開戦当初からシンガポールに回航されていて、大東亜戦争の始まった時には英国東洋艦隊の主力としてすでにシンガポールの港で錨をあげていたことを、朝日新聞社からの特殊情報により知らされて驚いていたのではないか。

歴史にイフ（if）はないと言われる。しかし、もし、チャーチル首相も同意していた「シンガポール合意」の重要な条件に違反がなく、シンガポールを日本が占領した段階（シンガポールが実際に日本軍に占領されたのは、昭和一七〈一九四二〉年二月一五日）で、ロンドン・タイムズ社と朝日新聞社の協力のもと、戦争終結の講和交渉が始まっており、もしそこで何らかの形で終戦が実現し、他の連合国の同意が得られていたとしたら、ガダルカナルも沖縄も、そして広島、長崎も避けられていたかもしれない。自分の父が、このイフだらけではあっても、世界平和を実現するための一大計画の一端を担っていたとすれば、単なる「クソじじい」（私の子供たちの私の父に対する呼称）ではなくなっていただろう。

その後、風の便りで、父がロンドン勤務中知り合い、おそらく明日のない愛を交わしていたと思われる二五歳の日仏混血娘マリアンヌは、開戦と同時にロンドンを脱出、数カ月を経て横浜にたどりついていた。父が戦争中二回目の長期出張地ジャワから帰国後、有楽町の朝日新聞社東京本社ではなく、しばらく同社の横浜支局に勤務した理由もここにありそうだ。その後のマリアンヌの消息は不明である。ただこれも風の便りで、その後米国カリフォルニアに渡り住んだということを、しばらくあとで母から聞いた覚えはある。

それでも、戦争が終結し、しばらく立ったある秋の日、血相を変えた母が父の上司に会ってくると言って一日家をあけたことがある。私は当時まだ一三、四歳、妹雛子は九歳下の四歳か五歳であったと思う。母の帰りを待つあいだ、私は空腹と寂しさからすすり泣く妹を背負って、家と現在では高架線に変わった当時の国鉄西千葉駅の間を何回も往復した。その時仰ぎ見た澄み切った青空に、何故か西に向かって一斉に飛ぶ何万何千の赤とんぼが、私にとり忘れえぬ人生の一ページとなった。それ以来「夕焼け小焼けの赤とんぼ……」の童謡は私にとり特別の感慨をあたえる生涯の歌となった。

「シンガポール合意」が実際に存在したのか、それは単なる英国紳士どもの夢物語であったのかは、依然として不明である。そして今となってはいろいろ想像にまかせて一応の答を出すことしか出来なくなった。「何故、両国政府の外務省が直接交渉相手となることにはならず、ロンドン・タイムズ社と朝日新聞社という民間の報道機関が両国の間の交渉役に選ばれようとしたのか」という問題。その理由はどこにあったのか。技術的なことなのか。謎は深いが、残念ながら理由をあきらかにする歴史上の証拠として何物も残っていない。しかし、当時の新聞社というものがいかに国民の民意を代表する重要なものと考えられていたか、また新聞社側にもそのような重大な責任を負っているという自覚があったことを示す、一つの例証になると思われる。

千葉へ、私の祖国千葉へ

かくして、父が単身ニューヨーク経由ロンドンに赴任し、さまざまな体験をしていた間、私は兵庫県芦屋で仮入学していた小学校から、千葉市にあった県立千葉女子師範学校（現千葉大学教育学部）付属小学校に再び転校することとなった。当事はまだ一面の田畑に数十軒のあさり採りの家が海岸にしがみつくように寂しく並んでいただけの幕張町から、毎日京成電車（ただし、往時の京成幕張駅の位置は今日のそれよりかなり検見川よりにあった）で、その線の終点千葉駅まで電車通学を行なう生活をすることとなった。ここの付属小学校の同クラスに、妻の啓子（旧姓高山）がいた。啓子の住まいも幕張町にあった。このことには追って触れることとなろう。

私の千葉での生活は、日本が米国、英国、オランダなどの連合国に対し宣戦を布告し、米国空軍の空爆であまたの人の命が消え去るのをこの目で見、やがて敗戦を迎え、学校制度も旧制から新制へと変わり、進学の方向も海軍兵学校から新制大学へと転換を余儀なくされ、それまでの価値観が全て否定され、新しく出てきた価値観すらそれこそ毎日のように変化するという不思議な時代が到来するまで約一二年間続くこととなる。

私が千葉を心のふるさとと考えるようになったのも、すべてこの一二年間に帰趨した出来事が、私のその後の六〇年余の人生の基盤の部分に、直接かつ決定的な影響をあたえたからである。実に私のふるさとはそこに至る以前はハルピン、北京、神戸と変わったが、今や千葉から他に変わることはなかった。その後移り住んだ東京、そして、結婚後渡り歩き、合計して一五年間住みついたアメリカ、スイス、英国などの国々も私にとっては真の意味ではふるさとではない。私の人生形成の過程で最も重要な底辺となったのは、千葉の小学校であり、旧制千葉中であり、新制千葉高等学校であり、そこで培われた友人との人脈であった。

何がこの千葉での一二年間を、私の七六年間にわたる人生で最も大切な一二年間としたのであろうか。

私は、それはこの間に経験した価値観の三六〇度の大変転にあると思っている。それを多くの親しい友人と同時に体験したことにあると思っている。この一二年間に自分自身の価値観が三六〇度回転するのを経験したのみか、社会的価値観も三六〇度回転した。単に旧制千葉中で軍事教練をしていた某先生が敗戦という事件をまたいで、新制高校の英語の先生に変身したなどという次元の価値観の回転ではない。私自身それまで信じてやまなかったことが一九四五年八月のある日に突如として一斉に全面否定されたこと、そのような体験を友人全体が同時にしたという事実。この古い価値観が全面否定を受け、その後も価値観の変化は続き、どんと定着した新しい価値観が未だに形成出来ていないという事実。その事実を何気なくわれわれに教えてくれ、心の動揺に耐えられなくなったわれわれを優しく包み込んでくれるこの葛城台の学舎、千葉県立中学校及び高等学校。時々戻って来て一人で昔の教室に座り、静かに黙想をしてみたくなる誘惑を与え続けるこの葛城台。それが私の旧制千葉中であり、新制高校なのである。さらに言えばその前に学んだ千葉県立女子師範学校付属小学校なのである。しかし小学校の方は、以下書くように現在は当時と同じ場所には存在しない。

戦時中、県立女子師範学校付属小学校は国民学校と名を変えていた。しかし付属小学校であれ、国民学校であれ、その学校自体は戦争末期にアメリカ空軍の爆撃により、完全に姿を消されてしまったので名称などどうでも良い。われわれに当時の学舎として残されたのは、今ではすっかり建物の様相を変えてはいるが同じ場所にある旧制千葉中学校と、新制千葉高等学校（同一の建物）のみである。

現在のＪＲ千葉駅近くの道路わきに「千葉県立女子師範学校、同付属小学校、同付属幼稚園ここにありき」との小さい石碑がさびしく佇んでいる。今から六三年前、一九四五年、終戦わずか一、二カ月前の同年六月と七月、二回にわたる米空軍の無差別爆撃により、若く尊い先生、生徒一〇人の生命と共に、学校の校舎自体もこの世から消滅の運命をたどったのである。その時私自身どんなに米空軍を憎んだことか。小学校時代の私は、その頃の小学生だったら誰もがそうであったように、神国日本の勝利を信じ、あれほど親密の感をいだいていた中国人を蔑み、米国、英国、その他の連合国人民を憎み、その殺戮さえ肯定するようになっていた。

食べ物がなく周囲の田圃でイナゴをとってきては、それを乾燥させ、粉末にして食べた。それこそ最良の蛋白源と考えられていた。芋の葉、茎はもちろん、カボチャの葉の茎もしゃぶった。主食にさつま芋本体が出されるのも稀であった。山中で食べられる樹木の葉を集めてさまよう時、フト耳をすますと、甘いミツバチの飛び交う平和な音とともに常にどこからか空襲を告げる警報のサイレンを聞いて過ごしたものである。航空機の燃料とするため、松の根を余すところなく掘った。松根油というものをつくるためである。誰もが軍のいうまま「欲しがりません、勝つまでは」を標語に日本の究極の勝利をそのまま信じて必死に生きていた。こういう環境の中でつちかわれた友人との絆は特別のものであった。

以下のことは、人間の価値観とはいかに「もろい」ものかを証明することがらとしてどうしても書き綴っておきたいことである。

千葉市が米軍の焼夷弾爆撃を受けた一九四五（昭和二〇）年七月七日（爆撃は六日深夜から、翌七日にかけて）、学校に通じる道路は想像を絶する光景を呈していた。その光景は言葉ではとても表現しえないが、脳裏に焼きついたもののみを列記すれば、焼け爛《ただ》れた家々のボーッとした姿、電線から溶け落ちた鉛の塊（当時、電話線だけは鉛で周囲が覆われていたため、焼夷弾の熱によりその鉛はすべて溶け落ち、道路という道路の両脇に点々と鉛の塊が筋を作っていた）、化け物そのもののように立ち並ぶ生木の焼け残り、何であったのかサラサラとした白い紙状となり焼け跡を覆っていた物質、それらに混ざってところどころ盛り上がった土から白く、そしてあくまでも細く立ちのぼる煙、そして漂う死臭。その時鉄兜をかぶった大人の男が、「おーい、そこの子供！　ここ掘ってやれ！　まだ生きているらしいぞ！」と呼び止められ、渡されたシャベルで言われたところを掘った時、目にしたもの。それは何であったのか。書こうにも言葉がない。否、書く事は出来ない。

この時のことを、後年外国にいてよく思い出した。夢にまでみた。そのころの私は、若干、いまでもその気はあるがすっかり人間嫌いになっていた。嫌いになったのは鼻のたかい外国人だけではなかった。人間すべてが嫌であった。そのような時間が確かに続いた。

旧制千葉中、そして新制千葉高

　現在、千葉市の南東部、小高い葛城台とよばれる地区にある高等学校は昭和二五（一九五〇）年まで千葉中学校と一言で呼ばれた旧制の、日本でも有数の長い歴史を誇る名門校の一つである。同校の歴史は、はるか過去のことになるが明治政府が明治五（一八七二）年、日本全国を八大学区に分け、各大学区に三二の中学区をおき、さらに一中学区に二一〇の小学校を設立すべく新学制を交付したことに始まる。千葉県においては、県立師範学校および女子師範学校の方が中学校より一年早く創立され、翌明治一一（一八七八）年に千葉中学校定制が交付され、ここに県立千葉中学校が全国的にも、最も早い創立を迎えた中学校の一校として創立されたのである。平成二〇（二〇〇八）年創立後一三〇年の歴史を迎えた日本でもまさに有数の中等教育校である。

　ちなみに小学校は原則として、男女共学でスタートしたが、中等教育については旧制中学校が廃止され、新制高等学校となる昭和二五年までは男子校と女子校とが別れていた。

私も新制高校第一期生として卒業したが、同級生に女子が数名ではあったがいたことを記憶している（このへんの経緯を記したものとしては、千葉県立千葉高等学校『創立一〇〇年史』に、同校で歴史の教官をされていた武田宗久氏によるすぐれた記述があるので、それを参照されたい）。

当然、千葉中学に入学するにはきわめて激しい競争があった。昭和二〇年、私たちの時にもあったはずである。ところが、入学試験はあったことはあったが、日本本土が既に米空軍の爆撃圏内に入っていたこともあり、特に軍都として日本軍の中枢をなす各種連隊（鉄道連隊、高角砲連隊、歩兵連隊、騎兵連隊など）が集まっていた千葉市に対する空爆は、日増しに激しさを加えて来ていた。そのような合間をぬって行なわれた入学試験であったためか、私にはあまり記憶に残るようなものはない。おそらく希望者はほとんどが入学を許可されたのではなかったのだろうか。

それぞれの学校時代にはいろいろなことがあった。当然である。私がここに書こうと思うのは、日本というわれわれの国が戦争に敗れた日の前後数日のことのみである。それを書くことによって、私は「質実剛健」の四文字が中等教育校としての底辺に刻み込まれていた旧制千葉中、新制千葉高のイメージを浮き彫りにしたいのだ。また、日本の敗戦という未曾有の大事件に当面するや、どんなに質実剛健の教育、またそれを受けた者たちにも、価値観の大転換があり得たという事実を書いておきたいのだ。

一九四五（昭和二〇）年八月一五日、すなわち、日本が連合国の所謂ポツダム宣言を受諾し、国民に敗戦の事実が公表された日、旧制千葉中の一年生であった私がどんな一日を送ったのかを記しておきたい。

その頃われわれは、数年前に幕張の家からより千葉市に近い西千葉の海岸に近い小高い丘の上の家に移り住んでいた。その家は未だにその地にあり、周囲の松林も当時の面影をそのまま残しているが、一番近いＪＲ西千葉駅は高架線上の駅に変わり、夏には潮干狩りが出来た遠浅の砂浜は二キロ先まで埋め立てられ、今では高層の建物やアパートがぎっしり林立する一大居住区に変身している。それでも、昭和二〇年当時、海岸線に沿って走っていた国道は今でも同じ位置にあり、もちろん戦後道幅は格段に広げられ今や東京と千葉をむすぶ大動脈の一つと化している。

敗戦の重大放送が正午にあると事前にしらされていた八月一五日。当時は省線（鉄道省直接管轄になる路線のこと）と呼ばれていたＪＲ線、それとほぼ平行して走っていた私鉄京成電車も、その前月の米国空軍による大空襲（主体は焼夷弾）の被害が余りにも大きく、千葉市内の鉄道施設すべてが未だ大混乱の状況にあったため、全線運行不可能の状況を一カ月以上も続けていた。千葉中への通学はというと、焼け野原を歩いて三時間もすれば学校には着くはずであった。その日父も社に出ることができず、私が登校のため家を出る際、下の海岸まで送っていくと言ってくれた。家からゆるい坂道を下り右へ曲がれば海岸線(道路)が走っている。海岸を見下ろす角まできた時、父も私もその時見たもののため、自分たちの目を疑った。何と何千本か何万本かわからないが、鉄製の短い、割合と細い六角形のパイプのようなものが見渡す限り遠浅の海岸に、ほぼ等間隔で突き刺さっているではないか。「何だあれは!」と父も私も同時に声を出していたにちがいない。それはよく見ると その前月の七日夜、米空軍がわれわれの住宅地に向けバラ撒いた焼夷弾が、その夜の強い山風に流されて住宅地を辛うじてはずれ、海岸に突き刺さり、無数の不発弾の林を作っているものであった。「もし、あの夜の強い風がなかったら……」。身の毛もよだつ光景であった。

八月一五日の朝は、幸い海岸線を走るトラックが数台あり、千葉方面に行く何台目かの無蓋車《むがいしゃ》にやっと頼み込んで乗せてもらうことができた。車の荷台にはすでに殆ど着物を身につけていない痩せた男、頭に黒くなった血の包帯をぐるぐるまいてうずくまっている兵隊、うつろな目で一点を見つめ動こうとしない老人、そして五、六人の中学生や高校生で立錐の余地もない。

トラックは随所にあった大穴をよけて国道をガラガラと音を立てて走り、その後さらに数人の乗客を乗せ、とにかく千葉市の西の端、現在でも同名称の町があるはずであるが、新宿町あたりまで来て「ここから先は行けない。全員降りろ！」と言うことになった。焼けただれた家々、例の何であるか分からない白い薄い紙のような堆積物、さすがに防空壕らしきもので、まだくすぶっているものは見あたらなかったが、すべてが壮絶としか言いようのない地獄絵であった。そのあいだを縫うように歩いて、中学校に通じる最後の坂道を上りつき、葛城台の学校にとにかくたどり着いたのは、夏の陽もぎらぎらと高く、地上に焼け残ったものがあればそれを焼き尽くすかと思われた、太陽のぎらつく暑い午前一〇時をとっくにまわったころであったろうか。

校庭内にあった兵器部品工場も前回の爆撃で被弾していたため、われわれは学校にはたどり着いたが、やることは何もなかった。数人の友人が空腹をかこって、地下道の壁に背をもたれ、放心状態でただ座っているだけであった。そのうちの誰かが「昼の重大放送ってなんだべなあ」といい、生あくびを殺している。このような状況であったため、その日の昼ごろあったといわれる天皇陛下の玉声による終戦の詔勅は、私は聞いた覚えがないのだ。

しばらくぐったりするような暑い時間がすぎた時、地下道の出口の方から、誰かが怒鳴った。「戦争は終わった！　今、運動部の倉庫が開いたぞ！」。

私が県立千葉中学校に入校した昭和二〇年から新制千葉高校を卒業する昭和二六年にかけてがどんな時代であったかを知るためにも、この項の冒頭に書いたきわめて貴重な資料である『創立一〇〇年史』の年表から、昭和二〇年および旧制千葉中から新制千葉高校に移行した昭和二五年の部分を、以下にお借りして書きとどめよう。

昭和二〇（一九四五）年

四月一六日　東部軍管区司令部および捷部隊が本校に置かれ、全校舎の大部分が占有され、わずかに本校舎の二階が教室として残る（東部第一九六二部隊は他に移動）

六月一〇日　鉄道管理部に出動中の本校生徒一名が通勤途上爆死。二〇日同生徒の報国団葬

七月二日　学徒隊を組織して本土決戦に備える

七月六日　千葉市は夜半から大空襲を受け市域の大半を焼失したが、本校は軽微な損害にとどまる

八月一五日　終戦の詔勅を動員先で聞く

九月一〇日　連合軍最高司令官マッカーサーは日本の管理方針を声明。

昭和二五（一九五〇）年　一七日、本校を占拠していた東部軍管区司令部は解散する

四月一日　千葉県立千葉第一高等学校（新制）と改称

四月一日　女子服装規定を発表

四月一日　五日制を廃止

七月一八日　新服装規定を作る

七月　郷土研究部千葉寺を発掘、平安時代の経筒、宋朝舶載の青白磁合子一、檜扇の残片などを発見

八月　野球部甲子園に出場

（原文のまま）

最後の鉄拳

当時、公然の秘密として校庭の手前にあった、かつては運動部の倉庫として使われていた木造の古びた建物には、その頃中学校に駐留していた日本陸軍が密かに隠して保存していた、軍靴、毛布、非常食のカンパンなどが、いっぱいつまっていた。このような隠匿物資が入っているであろうことは、学生は口伝えでは知っていたが、常に厳重に施錠されていたその倉庫の内部を実際に覗いたものはいなかった。

敗戦と聞いた途端、一部学生が暴徒化し、この軍管理下にあった倉庫の鍵をこじあけたものと思われる。

「倉庫が開いたぞ!」。その声を聞くや、それまでただ地下道のコンクリートの壁を背にして半分寝ていた学生が一斉に立ち上がる。皆、地下道を争うように走り出て、校庭へ向かった。そこで見た光景も一生忘れることの出来ないものの一つ　となった。毛布を何枚か担ぎだし、飛び上がって喜んでいる上級生の笑顔、初めて見た笑顔があった。何が入っていたのか、一旦他の学生がつかみ取った袋を横からひったくろうとし、殴り合っている学生、そこら中にちらばったカンパンを食べながら、なお拾い集めてポケットにつめこんでいる者。私が倉庫の入り口に到達した頃にはもう左右見分けのつかない軍靴が散乱しているだけで、後には何も残っていなかった。大急ぎでそれを一足分手に抱え、他の学生といっしょに校門を出、かの坂道を駆け下りたのである。

千葉中の校門から約一〇〇メートルの坂道を皆が走り降りる。誰も何も言わない。途中でころんで、落とした毛布を頭に載せ直す者。左側の林に入り込み小便をしてから、荷物を持ち直して出てくる学生、と。その時、一番先頭にいた学生がにわかに足を止めた。何かあったのだろうかと見ると、何と、下からかなりの大男が両手をひろげ、駆け下りてくる学生を制止しているのが目に入った。その人は当時の体操の先生で下村という人であった。下村先生は凄い形相で怒鳴っている。「お前ら何をしている！　戦争には負けても、魂は負けちゃ居らんぞ！　そんな物はすぐ倉庫に戻して来い！」と。一部の学生が知らん顔で通り過ぎようとすると、またとてつもない大声がとんだ。「お前！　二年生だろう！　上級生たるお前でもそんなことをするか！」と言うが早いか鉄拳がその学生の頭に飛んだ。私には遠過ぎてその鉄拳を食らった二年生（旧制）の顔はよく見えなかったが、どうもあの人だったろうという想像はついている。その方の名誉のため特に名は伏しておくが、その上級生は、それまでに私ども後輩をすれ違いに敬礼をしなかったと言ってはなぐりつけ、軍歌練習で声が小さかったと言ってはなぐり、運動部（その人は水泳部にいた）の集まりに出てこなかったと言っては鉄拳をくらわせた先輩だったのである。このあと学生は、せっかく自分のものにした宝物をすごすごと運動部倉庫に戻しに、重い足であの坂道を上がって行ったことは言うまでもない。

この下村という先生の鉄拳こそ、私が見た古き時代を締めくくるものであった。この日のこの鉄拳を最後に、良し悪しを別にして、時代はひっくり返ったのである。物事の善悪、何が正しくて何が正しいものではないのかなど、およそ普通の人間社会に要求される価値観が三六〇度ひっくりかえったのだ。すくなくとも私にはそう思えた。よく昭和一ケタ生まれはか弱く、早死にするといわれるが、私はそれは大変な誤解であり、偏見であると思っている。われわれはこの鉄拳の時代を耐え抜いてきた。大食料難を乗り越えてきた。まさしく質実剛健を魂の支えとして生き抜いた。そして何よりもこの価値観の大転換を経験している。むしろ、価値観が大逆転をしてからの時代に生をうけた人の方が早死にするぞ、と言いたくなるのだ。

未知との遭遇

その後、学生には何日も学業は戻ってこなかった。私は数人の友人とともに、来る日も来る日も、千葉市内のいたるところにまだ掘り出されてない防空壕があれば、それらの掘り起こしと死体の運搬作業にひっぱりだされていた。

忘れもしない八月二九日（あるいは三〇日であったかも知れない）。この日も猛暑であった。この日は米軍の日本本土進駐が始められた日である。その日には学生の市内整理の仕事はなく、私が校門を出て県庁通りにおりてきたのは何故か午前中だったような記憶がある。県庁通りを渡ろうとした時である。左方面からなんとジープを先頭にした米軍の一団が、星条旗をうちたて、堂々と行進してくるではないか。私は、まず彼らの胸に斜めに持たれていた小銃を見て、とっさに撃たれるとおもった。それと同時に、自分が着ていた服が余りにもみすぼらしいことに気づいた。どうしてその時そんなことを考えたのか今では分からない。そばに焼けないで立っていた電信柱の陰にとっさに身をかくしたのである。

い砂煙を立てて突き刺さっていった。浅い「たこつぼ」と呼ばれていた防空壕に飛び込むなり、自分の鼻を地面に押し付けるような姿勢で思わず「ああ、神様」と口走りながら、こわごわ上空を低空で飛び去る敵機に目をむけると、操縦席に収まった白いマフラーを首にかけた鼻の高い西洋人の顔がなにやら自らの優秀さを誇っているように見えたのだったが、それと同じような顔がまさに今私の前をいくつもいくつも通り過ぎて行く。この、鼻とともに誇りも高い横顔を私の脳はいやがおうでも、はっきりと焼きつけてしまっていた。

そのはるか後のことである。なぜか米国、英国にそれぞれ五、六年ずつ住むことになり、私の周囲にはこの鼻の高い西洋人の顔がひしめき合うように集まってきた。いつしか兄弟のように親しくなったアメリカ人も出来たし、ボストンのさる有名大学で一時期集中講義をしなければならない立場に立ったこともある。そういう時に、思い出さなくてもいいあの時のアメリカ人の横顔が目の前に現れるのであった。それとともに、これまた思い出さなくてもいいあの悲痛な光景、防空壕から掘り出された幼児を胸にしっかりとだいたまま殆ど炭化していた哀れな女性の焼死体、夫を戦場に送った若い女性が子供をしっかり背負って鍬をとっていた貧しい千葉市郊外の農村の光景、ぼろを纏い自分より大きいほどのバケツを運ぶ少年の姿などが脳裏をよぎる。これらの光景は、今日のテレビで連日のごとく映し出される中東イラクの光景となんら異なるところはない。私はその重なるようにし米軍の行進はもうすぐそこまで来ていた。ジープと呼ばれた車、それはおそらく始めてみた米国製の車ではなかったろうか。いかにも頑丈そうな鉄製の車。ただそれだけでも現実のものとは思えなかった。そして、まもなく足音も整然と何百人もの米国の兵隊が目の前を通り過ぎて行った。私はその時自分の目で見た米軍兵士の服装の立派なこと、胸をはった堂々とした態度、いかにも栄養の取れた体つき、鼻の高いいかにも西洋人らしい顔、顔、顔を一生忘れないだろうと思った。電柱の陰からそっと窺うと、彼らは皆腰に水筒らしいものをぶら下げている。あれには一体なにがはいっているのだろう。甘い砂糖水であろうか。

この米兵の日本本土進駐が行なわれた僅か数週間前、突然の空襲警報が発せられ千葉中の校舎の横に千葉寺の方角に向かって広がる運動場を取り巻くようにいくつも掘られていた防空壕まで走って逃げるわれわれ学生に対し、左舷前方二、三キロのところにあった五、六階建ての千葉医大（現在の千葉大学医学部）の建物を回りこむようにして飛来したP51ムスタングといわれた米軍艦上戦闘機が機銃を掃射していったことがある（飛来方向は全く逆で、海岸の方向から千葉医大の方に向かっていたと言う説を私の親友は唱えている。あるいはそうであったのかも知れない）。

どうやら葛城台の東方の海岸沿いにあった日立航空機の工場が、その日の標的であったらしいが、機関銃の放つ火の玉のような弾丸は学校の運動場の中心部あたりからものすごて目の前に出現する幻のような光景を、みずから持病だと思ってあきらめている咳で追い払おうとしたことが講義中に何回あったであろうか。

私は今日の米国の対イラク政策には絶対に賛成できない。二〇〇二年の春、私は元総理の故宮沢喜一氏のご依頼で、パリで開催されたＯＢサミット（主要国の元首相、元大統領などが集まるサミット）なるものに、微力にして無礼ながら日本代表として出席した。その時の議長はドイツの元首相シュミット氏であったが、彼が会議の最後にあたり総括の中で述べられた言葉が、まさしく私などの世代の叫び声を的確に代表しているように思えた。ちょうどその前日に米国国務長官がロンドンに飛来、当時のブレアー英国首相と会談し、翌日からのイラクに対する空爆を決めていたことはＯＢサミットに出席していた者全員が既に承知していた。そのような時、この老政治家はこう言ったのである。「私自身若い頃はナチスの主張に賛同し、ナチスの党員でもありました。しかしその後、私の祖父と父が私の目の前で爆弾のためバラバラになって死亡したのを見た時から、私の価値観が三六〇度転換したのです。このような実体験を経て私の価値観は全くそれまでと逆になっていました。とにかく戦争だけはしてはならない。どんなことがあっても、武器に手をだしてはならない。そう思うようになりました」。

おそらく私の同年輩ぐらいの人までは、どこの国の人であっても人間の価値観のもろさを身をもって経験していたに違いない。またどんなことがあっても戦争だけはしてはならない。武器に手をだしてはならない。たとえ、やむにやまれない事情があったとしても。私も心からそう思う。

日本は日露戦争に辛うじて勝ち、満州で事を構えて以来、次々と武器に手を染めていってしまった。外交上、やむにやまれぬ事情があったとしても、いかに日本は神の国であり、最後には神風が吹いてこの国を国難から救ってくれることを信じていたとしても、武器に手をそめたのは過ちであった。

敗戦とともに日本人はこのことに気づき、それまでの価値観を捨て去った。それはそれで良かったのだと考える。しかし、この時回転をはじめた価値観は回り続けた。とめどなく二〇〇九年の今日にいたるまで、その回転は止まっていない。それは何故だろうか。

第二部　言論の自由とは何か

——ゆれる価値観の中で考える

社会人として出発

これから書こうとしている第二部では、現在世界中で大騒ぎをしている「アメリカ発(注)の金融危機」というものは、今を去ること六〇年以上前、第二次世界大戦終了時から既に予期されていた事態であり、今の問題を抜本的に解決しようとするならば、現在世界中の金融市場を渡り歩く一〇兆ドルとも二〇兆ドルとも言われる巨額な短期の流動資本に何らかのメスを入れなければならない、そういう類の問題であることを強く主張したいのである。かつまた、この問題を解決するための具体的方法として、従来の為替管理に代わるものとして私なりに考えてきた為替市場改革案（ＩＭＦ協定の一部改正）を提案するのもこの第二部の目的の一つである。世界各国の代表が集まって議論しようという国際協調の精神が、絶えて久しき感はあるものの、ここへ来て再び高まって来た今を除いては私の提案する為替市場の改革を行なうチャンスは二度とおとずれないと思われる。そのような議論をすすめる中で「言論の自由」とはどんなことなのか私なりに考えていることを述べたいと思う。

（注）私としては、このアメリカ発という言葉は余り使いたくなかった。しかし、これまた慣用語となって、ＮＨＫなど、何かを言うたびにこれを冒頭につけるならわしになってしまっている。これまでも不純物の食品混入問題を「中国発」と言って大きく騒ぎ立てたり、かつてテレビも新聞も景気回復の局面でも「長引く不況のため」という決まり文句をつけないでものを言い始めることのなかった時と同じである。どこどこ発という言葉はあまり使わないほうが良い、と思っている。

なお、この世界的金融危機で世界経済の将来について悲観的な見方をする人々が多いが、私には上に述べたような新しい国際協調の精神が出てきたこと（Ｇ20だ、Ｇ7だ、アメリカの召集する全世界の会議だ、という集まりはこのところ絶えて久しかった国際協調精神の復活である）は大きな「希望」であり、「前進」であると思っている。私はこの機会により良い解決方法が必ず生まれ出ると信じている。

さて第一部にも述べたが、私は戦後東京に移り住み、大学を出てからは、日本銀行、米国留学、国際通貨基金、日銀ロンドン事務所など、およそ「物つくり」とは関係の無い職場で約三〇年の年月を過ごし、ある日突然というか偶然の機会から、こんどは（株）日立製作所という、一九八〇年の半ばにはＩＢＭに次いで世界第二の売上高を挙げていた総合電気メーカー、「物つくり」の牙城に飛び込むこととなった。しかも、それ以前の「非物つくり」の時代でも、さらに「物つくり」の時代でも、情報発信元に近いところで生活することとなった。さらに日立をやめる寸前、国の金融庁で国の金融行政がいかなるものかをかなり高い地位から見る機会も与えられた。そこでは、金融という最も話題にしにくい問題を上手に説明するかということにさんざん苦労させられた。

群馬の山から出てきて報道の社会に飛び込み、若くして歴史を飾る大事件の近くから情報をとり、それを社会に伝達する仕事にほぼ全生涯を費やした父と異なり、今度は私が情報源に直接関わる部分にいて、そこから社会へ情報を発信する立場の一人となっていたのである。私としては自分が発信した情報がどのような情報伝達手段を経てというか、どのような経路をへて、末端の人々に伝わるかを勉強する良い機会を得たのである。

まず、日本で私は大学に四年間通学したが、学生中はとにかく本をたくさん読んだ。卒論には「国際交易から上がる利益」が「当事者国間に如何なる割合で分配されるか」という問題を自ら選んだ。英国の経済学者ミード博士（J. M. Mead）の書物を読みながらではあるが、自分なりの交易に関する理論を考え出したと思うし、さらにはカール・マルクスの労働価値説にまで遡り、ものの「価値」について深く考え、しゃにむに勉強した。

いつのまにか四年間が過ぎ、卒業を半年後に控える時が来るまで、私はこのまま大学で勉強を続けられるものとばかり思っていた。この間、父のジャーナリズムへの誘いであったのか、父にすすめられて新聞社にアルバイトで出向いたことも何回かはあったが、それによって自分の生涯設計を変える気持ちになったことはなかった。ところがある日、主任教授から「君は就職したほうがいい」と半ば研究室入り拒否とも受け取れるご託宣をいただき、あわてて周囲を見渡すと、なるほど友人の大半は既に将来の就職先を決めていた。

それが、卒業もあと数カ月という時にいたって、どういうわけか、それまでさすがに名前は聞いてはいたが自分とは全く関係のない別世界だと考えていた日本銀行というところの入社面接に座っていたから驚きである。「君は新聞記者の息子だな」と言われ、「新聞記者の息子では何がいけないのですか」と言い返して部屋を飛び出し、映画を一本見て家に帰ると「入行内定」の電報が来ていて、父母が大騒ぎをしていた。どうやら、学校が私の希望などお構いなしに私を同行に推薦していたらしいことを後で知った。

ふるさと千葉の地で、米国という未知と遭遇した日から私の価値観だけではない一般社会の価値観が三六〇度回転し、アメリカという父が四〇年も前に一文無しの苦学生として留学に行った国、戦争中は鬼畜としか思っていなかったアメリカ人に、その頃から私が何かもの知れない魅力を感じ出していたのは何故であったのだろうか。そういう時、また日本銀行の人事部は何故かその年の国費留学制度（フルブライトというアメリカ上院議員の提唱になる青年の交流留学制度）の受験候補者のリストに、私の名前を載せていたのである。

幼年時代ハルピンで喋っていた幼児英語で人に言われるままにただ試験を受け、実際に米国への留学が決まった時にはさすがにハッと我に返り、こんなことをしていて良いのか、と思ったことである。しかし、せっかく米国に一年間国の費用で勉強に出してくれるというならば、日本の大学でも関心を持っていた国際関係論とか、国際貿易とか国際金融のことを勉強し直してみようと考えた。当時、今でもそうであるが、この分野では世界的に有名な米国ボストンにあるタフツ大学とハーバード大学との共同経営になる法律と外交の専門大学院フレッチャー・スクールに行かしてくれと書いて要望書を出したのだが、やんぬるかな、既にここには留学する人が何人か決まってしまっていて、その大学院への入学は断念せざるを得なかった。第二希望として、最もアメリカらしい地方の、どんなに田舎でも良い、どんなに小さな大学でも良いからと申し込んだら、米国中西部オハイオ州の首府コロンブスという小都市にあるオハイオ州立大学の大学院で受け入れてくれると言う。

今では近郊にホンダの米国工場もあり、日本人留学生も千人近くいると聞いて、その変貌振りにただ驚くばかりだが、一九五七（昭和三二）年当時のコロンブスには日本料理屋一つなく、それでも三万人の学生数を有した学生数からいえば米国でも有数の、かつアメリカン・フットボールでは全米第一に強いと言われていたこの大学に、その年国費留学生として入学を許可された日本人学生は、私と心理学専攻の広島大学助手S氏との僅かに二人であった。もちろん私費留学は未だ許可されていなかった当時のことを考えると、三万人学生はいても日本人はまだ殆どいないという状態があたりまえであった時代だったに違いない。ようやく「戦争は過去のものになった」とか「今はもう戦後ではない」と言われ出した昭和三〇年の初頭とはいえ、世界情勢の変化から全く孤立していた米国・中西部の小都市だけあって、冬、吹雪の中で遊ぶ可愛い女の子から「ジャップ、ジャップ！」と罵られ、雪つぶてを投げつけられたり、夕食代を稼ぐために黒人の友達と毎晩やった学生食堂での皿洗いで、不思議と私の洗う皿だけを取り上げ、洗い直しを命じる白人女性などがいて、あまり良い想い出があるわけではない。ただ、週末一〇分も車で郊外に出ればかつて幼年時代を過ごした大満州を思い出させるような大平原が広がっていて、哲学書などをもって藁の山に寝転び、終日空をながめて過ごしたことぐらいがせめてのよい想い出といえば想い出である。

一九五〇年代といえば始まったばかりのソ連との冷戦の上でも、アメリカの圧倒的な経済力の強さはそれ以後の時代の比ではなかった。まさしくパックス・アメリカーナの全盛期でもあったのである。そういう中で突如一九五七年の秋、ソ連が人類最初の無人宇宙ロケット、スプートニックの打ち上げに成功した時の、学内騒然とした空気は未だに忘れることが出来ない。私と親しかった、あるアメリカ人の学生が学生集会で「これでアメリカの時代は終わったのか。いやそんなことはない！　これからが勝負だ！」と、怒鳴っていた姿も忘れえぬ光景として、私の脳裏に残っている。

後年、妻啓子に、どうしても私の人間形成の一場面であったこのオハイオ州立大学、皿洗いの現場、広大の助手S氏と二人で最後の数カ月住み込んだあばら家の貸家などを見せたいとかねがね思っていたが、その希望を果たす機会がとうとう二〇〇八年の六月におとずれた。五〇年前それでも苦労の挙げ句MA称号を取得し卒業式を迎えたと同じ月、同じ日の六月一〇日（卒業は一九五八年）にこの地を訪れることが出来たのは、何としても感激であった。大きなキャンパス広場を囲むように建っていた主要学部の建物は殆どそのままであったし、留学最後の数カ月を日本人の貧乏学生二人で、同じ釜の飯を食べて過ごしたぼろ家が、いまだ学生の安宿には変わりなさそうであったが、新しい建て家に変わり、大学正門から三ブロックしか離れていない同じ場所にあったのを発見して、妻と二人その前に立ち、タクシーの運転手さんに写真機のシャッターをおしてもらってホテルに帰った。

ここで、どうしても妻啓子の生い立ち、結婚に至った経緯に簡単に触れておかなければなるまい。

妻啓子は私の千葉県立女子師範学校付属小学校（後に国民学校と名を変え、昭和二〇年七月の米空軍による千葉市大空襲の際、この世から完全に消滅したことは第一部で述べた通りである）での同級生である。私が県立千葉中学校に進学したとき、彼女は県立千葉女子中学校に進学したが、大空襲で千葉市がほぼ壊滅したあと、お互いが一時消息をたった。再会は数年後、私が大学の二年生、彼女も東京の女子大二年生の時、お互いのふるさと千葉市で行なわれた小学校の同窓会でであった。啓子の両親は父親が東京の小学校の校長をやるかたわら、母親は地元幕張町の小学校で教員をやるなど、二人とも教育者であり、幕張町に私たちが住んでいた頃やはり同じ幕張町で近くに家があったことなどから、親同士の親交もあり、ついには結婚ということになっても全くの意見の相違も反対もなかった。私が米国留学を終え、一九五八年秋に帰国し、日本銀行の職場に復帰した年の一一月末に当時の日銀の上司であった国庫局長O氏に仲人をお願いし、神田で式をあげて以来、ちょうど半世紀が流れたことになる。

結婚後すぐに日銀は私に同行の京都支店、つづいて大阪支店の勤務を命じた。ほぼ三年間の関西生活を終えるや、突然の東京本部への帰任辞令を貰い東京に戻り、港区にあった日銀寮へ落ち着いたのは一九六三（昭和三八）年七月のことである。

このあと、米国留学経験のある私は日本銀行の中でも主に海外関係の仕事に携わることとなったため、私、そして妻啓子並びにその後つぎつぎに生まれた三人の子供たちは海外への移住、そして日本への帰国を繰り返し、引越しも二二回を重ねることとなる。このような生活が、私が日立製作所の参与に転職する一九八六（昭和六一）年四月まで約三〇年間続く。

国際機関に七年間

為替相場って何故毎日かわるの？

一九六四（昭和三九）年七月、私は日本銀行から、米国の首都ワシントンにあるＩＭＦ（インターナショナル・マネタリ・ファンド、日本語では国際通貨基金と訳す、世界銀行とともに、国際連合の金融関係専門機関）に出向を命じられ、家族を同伴し同地に赴任した。私はここで、もし日本銀行本部もしくは支店にそのまま留まっていたならば、とうてい考えられなかった国際金融に関する貴重な実体験をする。途中、同基金のヨーロッパ事務所が開設されるにおよび、そこの初代事務所長になった英国人の下で働く初代の次長に推挙され、スイスのジュネーブに二年間勤務した期間をふくめ、一九七一年六月までの約七年間主として国際金融を専門とした実業に携わることとなった。大学時代から国と国との間の貿易問題などに関心の深かった私には、天が与えてくれた絶好かつ貴重な実体験の七年間であったというほかはない。

まず、ＩＭＦの為替制限局（Exchange Restrictions Department）の一スタッフとして、同局に配属になり、国連加盟国各国が戦後採用した為替管理政策とそれらの実際の運用の遣り方などを調査観察し、それらについて国連としての勧告があればそれを国際通貨基金勧告という形で出すという仕事を与えられた（ちなみに後年ヨーロッパ中央銀行の初代総裁になったオランダ人、ドイゼンベルグという男は私のオフィスの隣にいた）。

そもそも、国際通貨基金は現在のＷＴＯのようなもので（ＩＭＦはいまだに存在するが、その後の歴史的変遷を経て、その職責の内容が、今後はどうなるか知らないが、少なくとも二〇〇八年の段階では極めて限定的なものとなっていた）、世界各国間の物資の交流に伴う資金の受払いの円滑化を阻害するあらゆる制限的措置を取り除こうという目的で、戦後主として戦勝国間の国際条約に基づき作られた国際機関である。最近の世界的金融危機で度々ＩＭＦの名を読んだり聞いたりするようになった。これは当然のことであって、久しく国際協調の精神が萎えていた時代には、世界のジャーナリズムもこのＩＭＦの存在すら思い出さなかったに違いない。

一九六七年から六八年まで勤めたスイス・ジュネーブにあったＩＭＦのヨーロッパ事務所（後に述べるように、現在その事務所はパリに移っている）では、おもにその頃後進国と呼ばれていたアフリカ、中南米、東南アジア諸国に対する先進国からの資金援助の円滑化を目的とした仕事に携わったが、ＩＭＦに奉職した約七年間を通じ本腰をいれた仕事といえば、つぎに挙げる二つのことであった。第一は国際収支といわれるものの中には貿易収支といわれる項目と、資金収支といわれる項目とがあるが、主として後者にまつわる諸問題の分析（実はこれは今日の世界的金融危機と大いに関係のある仕事であった）、そして第二に、人類が社会生活を行なうに及んで以降、ものの価値の最終的基準と考えて来た「金」という金属に代わる価値基準物を、何とか人知によって作りだせないか、というあたかも錬金術を想起させるような、私にとっては極めて興味の深い作業の手伝いであった。この両者についてはもちろん、私の前を行かれた何人かの諸先輩がおられたことを忘れてはならないが、ある程度私自身がほとんど最初の情報発信者、ないしは専門的見地からの解説者にならざるを得ない局面がずいぶんとあった。

こう書くと何か非常に世間離れした、むずかしい問題に頭をつっこんでいたように聞こえるが、実はそうではなく、われわれの日常生活の中にある身近な事柄に深い関係を持った問題ばかりなのである。それにもかかわらず、今日では毎日のように社会の中で発生するもっと身近な目を引く問題・事件が余りにも多いため、上に述べたような基本的ともいえる問題の重要性が久しく忘れ去られて来た感の深いことはいかにも残念である。国際機関職員としての七年間に、わが身の近辺に起こったエピソードを記す中で、これら国際金融の問題、なかんずく世界をまたにかけて飛び回り、各国の金融市場で良いことも行なうが大部分悪いことをしでかす一〇兆ドルとも二〇兆ドルとも言われる莫大な流動資本（平たく言うとヘッジ・ファンドのようなもの）が、これからようやく再び盛り上がりそうになってきた国際協調の精神（世界各国が問題の共有を認識し、議論をしていこうとする国際協調の精神）のなかで、どうしてわれわれがまず直面しなければならない最重要な問題になるのか説明して見ようと思う。

私が社会人になって始めて持った本格的な上司、どちらかといえば嫌な上司、すなわち、私の家庭生活以外の世界をすべて牛耳る権力をもった人間、それは最初に私が配属されたＩＭＦの課の課長、私より一〇歳ほど年長で米国国務省出身のさる米国女性であった。国際機関のなかで、特定の国の上司というものの絶対的命令で仕事をすることになるなど思いもしなかった私が最初に経験した試練の第一歩が、なんとこの米国国籍をもった白人女性の下での職場生活であった。

その女性が私にまずやらせた仕事というのは次のようなものであった。国連加盟国のうち、経済的に強力と目されていた米国、英国、フランスそして、一九六〇年代中ごろから戦後の復興をなしとげ、徐々に経済力を蓄えだしたドイツ（当時はまだ東西ドイツは統合をはたしていなかったので、西ドイツといったほうが良いだろう）とわが国日本の五カ国の通貨（ドル、ポンド、フラン、マルク、円）が、それぞれどんな交換率で、市場で取引されているか、つまりそれぞれの通貨の間の為替相場を毎日丹念に記録して上司に報告することであった。まだ、各国の通貨間の為替相場が固定されていた時代に「丹念に記録する」とかいうのはおかしいではないかとの疑問を持たれる読者もおられることだろう。実はたとえば当時一米国ドルが日本円で三六〇円と固定的に決められていたとはいっても、ドルと円の交換取引が一番多く行なわれていたニューヨーク、そして東京市場での現場では、ドルと円との交換比率、すなわち為替相場は僅かではあるが、三五九円から三六一円ぐらいのあいだで上下振動をくりかえしていたのである。

このように毎日僅かではあるが変動する各国通貨間の為替相場を調べ上げることは言うほど簡単なことではなかった。大体、主要な為替取引市場と言ってもニューヨーク、ロンドンはもとより、西ドイツのフランクフルトもパリも東京もある。どこの市場でどこの通貨とどこの通貨の交換比率すなわち為替相場を調べるかは、それぞれの通貨の取引量が一番多い市場での相場を書き出すだけではだめで、同じ日、出来れば同時刻に他の市場で立つ相場も勘案する必要がある。ヨーロッパや日本の市場とワシントンとの時差の問題もある。ましてやインターネットなどという便利なもののなかった時代でのことである。要するに、体の中で、頭の方にも足の方にもある一定の太さを保つ血管の中での血液の流れの量とかそれが流れる速度とかを詳しく分析し、血液の圧力が血管の上とか下とかどこの部分に多く加わっているかなどを、顕微鏡で見続けろということと同じことであり、頭が痛くなるようなこまかい仕事であった。

最初はどうせ為替相場なんて言ったって固定されているんだ、変わりようがないじゃないか、と馬鹿にしていたが、ロンドン、フランクフルトなどからのテレタイプ網も出来上がり、毎日朝、オフィスに来て見ると、机の上に乱雑に置かれている細く、たくさんの丸い小さな穴の開いた紙テープの山や、乱雑に数字の書かれた紙を整理し、表や図に書き込んでいるうちにだんだん変なことに気がつくようになった。

時は一九六八年末ぐらいからのことである。例えば円。この調査をさせられるようになった当初は、円とドルとの交換比率は一ドル三六〇円という線にピタリと合っていたか、あるいはやや三六〇・四とか三六〇・五の方、今の言葉で言えば円安の方向に傾いていた交換比率を表す線が、一九六九年初めあたりから急に三五九・八とか三五九・五とかの方に、すなわち円高の方向に傾きはじめ、なかなか中心線の三六〇に戻らなくなってしまったのである。そのことはニューヨークとか、ロンドンとか、東京にある日本円と米国ドル通貨の交換を行なう主要の為替市場で、ドルを売って円を買う人のほうが円を売ってドルを買う人よりも多くなってきたこと、かつその動きが連日続くようになってきたことを意味していた。ある日、この図表について私が例のアメリカ人女性課長の前で報告する機会があった。他の課員も皆顔をそろえていた。私が、この円高方向に振れだしたことはドイツマルクにもあてはまる現象であり、その頃から顕著になったアメリカと日本との貿易、そして、アメリカと西ドイツとの貿易がアメリカにとり逆調になってきた（アメリカからの輸出が相対的に減って、日本とか西ドイツからの輸入が逆に増えだした）ことと関係がある長期的動きであり、しかも、この傾向は顕著になる一方であることなどを説明するや、そのアメリカ女性課長はやおら私の作った図表をわしづかみにして席をたち、いまから為替管理局長（米国財務省出身のアメリカ人）の部屋へ行くから、お前も付いて来いというではないか。

そういう事のあったある日、その課長が国務省時代から知り合ったという「ウォールストリート・ジャーナル」の記者をつれて突然私の部屋へやってきた。「あんたのやっていることをこの人に説明してやってよ」と言い、その人の良さそうな私と同年輩のアメリカ人記者を残して出て行ったことがある。

いろいろ場当たりのことを話していると、その記者が、「今は固定相場制度の時代だろ、それなのに何でそんな顕微鏡を覗くようなことをやっているんだい」と、私だって聞きたくなるような質問をした。そこで、これらの動きは目に見えるほど大きなものではないが、世界の為替市場で米ドルが売られ出した証拠であり、その傾向はここ数カ月ずっと続いているなどと話をしてやったのである。

翌朝部屋に配達されていた「ウォールストリート・ジャーナル」を開くなり、私はびっくりした。私の名前こそ引用されてはいなかったが、その記者の実名入りの記事が、誰もが気づくであろう二面の最上位に「米国国際収支、構造的に逆転か？」と大きな文字で題目がつけられ載っているではないか。しかし、その記事の内容は極めて正確に昨日私が説明してやったことを反映しており、何の誇張もはみ出しも見当たらなかった。電話のベルがなる。その向こうには昨日私の前に現れ今朝の記事を書いた記者本人が出ていた。「今朝の記事お読みになりましたか？　何か誤ったことを書いていたら、すぐ訂正記事を載せますが……。題目の方が少し刺激的に見えるかもしれませんが、あれは別の部（おそらく日本でいう整理部のことか）で作ったので……」と言う。私はただ「よく書けていましたね」と言って電話を切った。この記事の切抜きを私は長く大切に保存していたが、以前書類の整理をした際、誤ってゴミ箱に入れてしまったらしい。

「ウォールストリート・ジャーナル」のこの記事は、俄然他の経済関係の新聞・雑誌などの注目を引いたらしく、課長が私のところに連れてくる記者もいろいろな国の特派員あり、米国西部の大新聞のワシントン駐在の記者ありと多彩になってきた。中には毎週私のところに遊びがてら寄ったといってたずねてくる記者もふえた。しかし、思い出してもその中に日本人の記者がいた覚えはない。呼んであげなかった私が悪かったのだろうか。

それから数カ月たった頃、私の毎日描き続けていた図表に明らかな変化の兆候が現れたのである。いままで、アメリカと主要国の月々の貿易収支を見ていれば大体説明のついた為替相場を示す線が急に説明の付かない短期の振れ方をし出したのである。定例の週課員会議でもこのことが話題となり、その要因分析にもう一人メキシコ人の私より二、三年先輩の課員が、毎日私の部屋にきてこのことについて一緒に議論をして行くことになった。一体その説明の付かない通貨の交換比率（所謂為替相場）の短期的変動（乱高下）は何によって起こり始めたのだろうか。まず、過去数週間に主要国が採用している為替管理に関する政策に大きな変化があったようなことはないか。どこかの市場で貿易収支を先読みした大きな投機的な資金取引が行なわれた形跡はなかったか。二人で各国政府から送られてくる為替政策にかんする膨大な報告書をかたっぱしから読む。その結果をその日の終わりにとことんまで議論する。直接関係国政府の為替管理を担当する役所に国際電話をいれることもあった。そして、数週間が経《た》ち出てきた結論が、その一カ月ほど前に英国政府が発表した為替管理の緩和策に関する発表（新聞には二段で小さくしか載っていなかった）に、どうも相場の振れ方を今までと違う動きにさせ出した原因がありそうだと言うことであった。

それを課長が聞き、局長の耳にどのようにいれ、その月のＩＭＦの理事会で局長からどういう説明がなされたか確かなところは記憶していない。しかし、私なりにこれはその数年後に全世界を混乱の坩堝《るつぼ》の中に引きずり込むことになったニクソン大統領のドル基軸通貨拒否宣言、所謂ニクソン・ショックに繋がっていく小さいが大事な、少し大げさに言えば歴史的な兆候の発見だったと満足感を持って想起するのである。

いまや死語となってしまった為替管理という言葉を聴かれると、これを読んでおられる現代の方々はどんな事を思い浮かべられるであろうか。海外旅行に行こうとする。行き先の国の通貨が必要になる。為替を扱っている銀行に足を運ぶ。そこで、今その国の通貨をお渡しすることは法律で禁じられています、と言われたらどう思われるだろうか。外国政府が発行しているその国の国債を買おうと思い、銀行をおとずれる。そこで、現在その国の通貨をそのような目的でお使いになるには許可が必要です、と言われるとする。あるいは、アメリカ西部の余ったように見える広大な土地を少し買いたいのでアメリカのドルが一〇〇万ドルいります、と言ってドルを買おうとすると、それは出来ませんと言われる。そういうのが所謂為替管理の一例である。

人間は他人の作るものを全く買わないで生活することはできない。外国でしか生産されないものを輸入しないで満足な生活をすることはできない。日本にとっては、石油や一部食料などがその良い例である。このような石油とか食料とか目に見える物を外国から買ったり、あるいは売ったりすることが貿易といわれる行為であり、その取引をお金で決済するのが貿易取引にかかわる為替取引である。

第二次世界大戦が終わった後、同大戦に勝った国も負けた国もそのような物の輸出入がなるべく制限されることなく円滑に行なわれることを祈ったにちがいない。また、当然のことながら、輸出した人は自分の国の通貨でちゃんと輸出代金が支払われること、輸入した人は、自分が輸入した物の代金がちゃんと輸出してくれた相手側に届き、相手国の通貨に換えられて輸出してくれた人の手にはいるよう祈っていたにちがいない。そういう物の交易の代金決済が途中で変な制約にひっかかることなく整然と行なわれるよう監視していこうというのがＩＭＦの目的の一つでもあった。

ところが、国と国をまたがったお金の取引は、なにもその以前に目に見える物の貿易取引があった時だけ起こるものではない。例えば、Ａ国とＢ国が物資の輸出入をお互いにやっているとしよう。当然輸出と輸入の代金の決済が後を追うように必要となる。Ａ国の輸出代金もＡ国の輸入代金も、Ｂ国の輸出代金も輸入代金もどこかでＡの国の通貨とＢの国の通貨とが、ある交換比率で交換され、それぞれ輸出した人には自分の国の通貨で輸出代金が支払われ、輸入した人はまず、自分の国の通貨をそこで相手国の通貨にある交換比率で交換したうえで、相手先である相手国の輸出した人にしかるべき金額を振り込まなければこの貿易取引は完結しない（輸入した人が後になって、支払いを拒否すると言うことがあってももちろん大変に困ったことになるがそれは犯罪行為でありここでは問題外である）。

ここに余り人が注意を払わないもう一つの問題があるのである。それは、その貿易の代金決済のためにA国の通貨とB国の通貨がどこかで交換されると言ったが、その時のA国通貨とB国通貨との交換比率は一体どうやって決められているのかという問題である。先に日本円と米国ドルの交換比率は固定相場制度のもとですら、日本、アメリカどっちの輸出が輸入より多いか少ないかによって極めて細い幅のなかではあったが円高になったり、円安になったりしたことを書いた。ところが一九六九年の終わりごろから、両国の物の輸出入だけを見ていても説明のつかない動きを為替相場がしだしたことも述べた。それは為替相場が物の輸出入の量だけで決定されるのではなく、物の貿易には直接関係のないお金の流れが出てきて為替相場を形成する市場の中に入ってきたこと、その物の貿易には直接関係のないお金の流れが、為替相場に大きな影響を及ぼし始めたことを意味する。

この物の貿易以外の要因から発生するお金の動き（これを国際収支の中の資本勘定取引という）が、将来重大な国際金融上の問題になりそうだということは第二次大戦が終了した時からすでに予想され、識者の中では大きな心配ごとの一つとなっていた。しかし、大戦終了後すぐには、国々にとりスムースな物の輸出入こそ先決問題であり、物の動きに裏づけされないお金だけの動きに気を取られる余裕はなかったと言うのが本当のところであった。それに、私が固定された為替相場を中心としての極めて狭い幅の中にも上に行ったり下に行ったりする不規則な振れが出ることに気づく頃までは、そのように物の貿易決済以外の要因で動くお金の量自体おそらく為替相場に影響を及ぼすほどの大きな量ではなかったのだろう。

日本や西ドイツが戦後の経済復興をほぼ終え、むしろ物の貿易でも輸出国になって来だしたちょうど一九六〇年代の末ごろから、お金に余裕のできた日本あるいは西ドイツの人々の中に、アメリカの国債やアメリカ企業の発行する株式や社債を買うため、あるいは土地を買うため、あるいは別にすぐには必要ではないにしても、通貨の価値が一から三％ぐらいの僅かな変化ででもすることが予想されるのだったら、将来強くなりそうなどっちかの通貨を、安い今のうちに買っておこうと考える人が出てきたとしても不思議ではない。最後の例のような取引は「投機」性を帯びた取引と呼んでよいと思われるが、そのような「投機」的な通貨売買の量が非常に大きくなって、貿易取引、すなわち「非投機」的取引に使われる通貨の交換比率、すなわち、為替相場に大きな影響を及ぼすようになったら、どんな事がおこるだろうか。おそらく通常の物の輸出入にも影響がでてくるかも知れない。将来大規模に起きてくるかも知れないこのような「投機的な」通貨売買だけには何とか制限できる余地を残しておけないだろうか、と大戦後の諸国政府の中でも識者が考え、そういうものだけを選びだして制限しようとしたのが為替管理だった。ここで私は「投機」「非投機」などの言葉をつかったが、何も投機という人間の所業を悪いといっているのではない。将来のことを見越して新しい事態が発生する以前に手を打っておくこと、それはむしろ先見性のある自己防衛策としては是とされるべき所業かもしれない。ただ、それが余り大きな動きとなり、急激に動きだして一般の物の輸出入に悪い影響与えるようになると、困るというだけのことである。

一方、取引そのものをいわば強権によって制限しようとする為替管理の思想は取引のグローバル化、一段の自由化という思想の流れに逆行するものとして排斥されるようになっていった。これもむしろ自然の成り行きであったろう。このような思想の潮流の変化は短い時間で起こったものではない。二〇年、三〇年と比較的長い時間の中で、人々の生活が豊かになっていく間に、「規制」であるとか、「管理」であるとか、などの考え方が横の方に押しのけられ、「より自由な」「より国際的な」ものの考え方が好まれるようになっていった時に、当然出てきてもおかしくない考え方であったと言うべきであろう。

しかし、仮にそのような資本取引が余りにも多くなってきて円滑な貿易取引を阻害するような困った動きが出てきたとしても、すぐに「管理」だ「規制」だという強権的な手法に戻ることなく、他の方法で世界的な大混乱が起こらないような手立てを講ずることは不可能ではなかったはずである。万一、今日、あるいは将来為替相場を大混乱に落とし入れそうな大量の投機資金が為替市場を襲ってきた、あるいは来ることが予想されたとしても、すぐさま時代の流れに逆行するような為替管理という手段でそれを力ずくで抑えようとする必要もないというのが私の考えである。

円滑な貿易取引の代金決済を阻害するようなとんでもない為替相場が出て来ないようにする為に、為替市場の運用面で別な技術的手段が考えられれば事はおさまるはずである。私はちょうど競馬が好きな人にはそういう人だけが集まって馬券売買を楽しめる制度があるように、通貨の投機的取引で儲けようとする人たちはそういう人たちばかりが集まって、貿易の決済だけに使う為替市場とは別の為替市場をつくり、そこで大きく上がったり下がったりする相場取引を楽しめばよいではないかと考えている。つまり、貿易取引に必要な資金決済に適用される為替相場をそれ以外の資金取引に適用される為替相場から切り離せばよいではないか、為替市場そのものを貿易取引用の市場とそれ以外の資金取引用の市場に分離させ、それぞれで異なる相場を作らせてはどうかと言う考え方である。この考え方を理論だてし、これまでにもあらゆる機会に発表し世の批判を待ってきた。米国の大学でも、あるいは中国の大学ででもこの説を唱え、批判を仰いだ。新聞、雑誌などにもことあるたびに、この為替市場分離論を展開してきたのであるが、残念ながら、これまでこれという反論は見られなかった。

僅かに出てきたのは次のような指摘であった。それは現在未だ国際条約として効力をもつ国際通貨基金協定というものがあって、そこでは一国が一日に使用できる為替相場はたった一つだけであり、前に書いたような市場分離から生じる二重相場（あるいは簡単に言えば二つ以上の為替相場）は認められないとの立ち場からの指摘である。まことにもっともな当を得たご指摘である。事実、現行のＩＭＦ協定ではそのような立場がとられており、(注)それを改定しようとすればこれまた気の遠くなるほどのエネルギーと時間が費やされなければならないことも明らかである。すなわち、協定のその部分を改定しようとすると、またまた何回もの大げさな国際会議が開かれ、ＩＭＦ加盟国の承認（各国議会による批准）をもとめることが必要となる。

しかしながら、このところ、せっかく国際協調を進めようとする考えが再び出てきているではないか。その中でも今後ＩＭＦの改革を議論しようというところまで話しは進んで来ているのである。今こそ、このような抜本的な制度改革を行なうチャンスが到来したと言うべきではないか。

（注）私の手元に今国際通貨基金協定（Articles of Agreement of the International Monetary Fund）という文書がある。これには「本協定分は一九七六年四月三〇日国際通貨基金総務会の承認を得た基金協定第二次改正案であり、総投票権数の五分の三の加盟国の受諾を得て発効する。」（実際には発効済み、わが国は、一九七六年六月一八日、日本改正案の受諾を基金に対し通告した）と書かれてある。日本銀行の外国局（現国際局）の訳したものを読むと、どこにも一国は他国と二つ以上の為替相場をもってはならないとの明文はない。

しかしながら（ここでは長くなるので本文を引用することは控えるが）、同協定の第四条「為替取極に関する（加盟国の）義務」、第一九条「特別引き出し権の操作及び取引（特にその第七項交換比率）」などの条文を読むと、為替相場を一つ以上用いるには全加盟国の七五％、時には八五％の承認を得る必要があると明記されている。

また、加盟国がいかに最初から「巨額なまたは持続的な資本移動が為替相場のかく乱要因になることを恐れていた」かについては、本協定の第六条「資本移動の条項」であるとか、同第一四条「過渡的取極」などの条文を読むと、巨額で持続的な資本の流出入に襲われた加盟国は、やはり他の加盟国の承認を得た上ではあるが、為替管理の採択を認めているところからも容易に判断し得る。

このことに関し今更ながら残念に思うのは時とともに顕著になった報道関係者の本件に関する問題意識の希薄化である。私の説明不足ももちろんあったかと反省しているが、それ以前に国際協調の意識をここまでだめにしてしまったのは、はっきり言って世界中の報道関係者に責任があると思う今日この頃である。世の中では石油価格が上がったと言っては騒ぎ、世界的インフレが来ると言っては叩くばかりである。そして、これには世界をまたにかけて飛び回っている莫大な投機資金が関係しており、われわれはもうどうにもならない終末的事態に突入しつつあるとの報道ばかりがあふれているのは一体どういうわけなのか。このように人々の不安をかきたてる報道（テレビ、新聞、雑誌などすべての報道手段）が流されるのを見るたびに、いまこそその問題の根源に迫る、上に一例として挙げたような協定改正案が研究されようとしないのはどうしてだろうか、と考えてしまう。

特に、私もここでは仕方なく使っているが、「金融不安とか、金融危機、信用不安」とかいう言葉は経済関係の報道陣の使われる辞書からは抹殺してしまった方がよいと日ごろ思っている。金融というものはそもそも人々の信用、信頼をもとにして動くものである。そこに、不安とか、危機とか言う言葉は余りにも刺激の強すぎる言葉である。少なくとも金融に関する報道の中ではよほどのことがない限り、これらの言葉は使わなくした方が良いと思っている。どんなものであろうか。

人知が考え出した「金」に代わる「変なもの」

一九六〇年代の末から七〇年代にかけての国際通貨に関する動きの中で、各国の通貨当局の頭を悩ますに至った多くの問題は、そのほとんどが戦後唯一の経済大国であったアメリカ経済の相対的弱体化から起こったことであったと言ってよいだろう。もちろんそれらの問題は現代にひきつがれて、真の解決を待っている。アメリカ経済の相対的弱体化はアメリカの国際収支の、特にその中でも物の貿易にかかわる「貿易収支の恒常的赤字化」という形で表れ、その現象は未だに改善を見ていない。

こういう中にあって、私のいたＩＭＦでは一九六〇年代の後半、今では考えられないような独特、かつ大胆な面白い「もの」の開発が進められていた。ちょうどジュネーブでの仕事に一段落を見たので、そろそろ日本に帰らなければと考えていた矢先、私はＩＭＦ本部のある人から、この変な「物」の開発に手を貸してくれと言われ、再びアメリカの首府ワシントンに戻ることとなった。

その「変なもの」とは一体何であったのか。

そもそも、人類がこの地球上に誕生し、国というものを作る段になって異なる国々の間に当然起こってきたのが、国と国にまたがる物資の交換である。そういう国際的貿易取引の最終的決済に、「金」という金属が用いられていた時代があったという事実は誰でもご存じであろう。さて、もともとアメリカという国は世界一の金保有国であった。自国の中でももちろん金鉱を持ち、西部開拓時代に所謂ゴールド・ラッシュなどのようなことも起こったくらいである。そのほか、幾多の戦争にまきこまれた多くの、主としてヨーロッパの国々が武器その他の物資を、戦争にはなるべく参加せず、孤立主義に徹していたアメリカから輸入する必要が出て来たとき、その代金を多くの場合金で支払ってきたという経緯がある。アメリカという国は自然と「金」がたまる立場にあったのである。

私もかつてニューヨークのある銀行の地下深くに掘られた金塊の保存庫を見せてもらったこともあり、そのまばゆいほどの量の多さに驚かされたこともある。ところが「金」という金属の物理的産出量が世界的にも減少してきた上、一九六〇年代になると、この世界一の保有量を誇ったアメリカの「金」が減り出したのである。この間の経緯を簡単に言うと、アメリカの貿易収支の赤字が増えるにしたがって、この金塊が一つ、また一つと他国の所有物になっていったのである。当たり前のことである。一九六〇年代後半に入るや、アメリカのこの金がいずれ近い将来に、国の対外支払い手段としては足りなくなる日が来るのではないかという不安すら出て来た。

この「金」という、天が人類に与えた最終的価値物と思われた金属に代わり、誰もが「金」ほどの価値があるものとして認める「もの」を何とか人知をもって生み出せないかという試みがＩＭＦ内にあったのである。まさしく現代の錬金術といってよいこの作業をＩＭＦの中で始めた男がいた。

それは戦時中に、西ドイツからアメリカに逃れて来ていたユダヤ人で、戦後ＩＭＦで財務局長となったアルトマン博士という人であった。彼がアインシュタイン的、天才的思考方法で考え出した「国際通貨基金の特別引き出し権（ＳＤＲ＝Special Drawing Rights）」というものがそれである。この略してＳＤＲというものは果たしてどういうものであったのか。

要するにこのＳＤＲというものを簡単に説明すれば、次のようなものであった。「ＳＤＲは、ＩＭＦのなかで作られるペーパーゴールド（ＩＭＦが最終的には債務者となる一種の債券、すなわち紙で作った価値物）である。その価値はＩＭＦ（もう少し踏み込んで言えば、連帯保証人のような形となる主要国）が保障する。そして毎年創出されるＳＤＲは一定の法則にしたがって、予めＩＭＦ加盟国に分配される。国際収支の悪化で国としての最終支払い手段（金であるとか米ドルとか、普通どこの国も常備する外貨準備と言われる外国に対する支払いに使えるお金）に不足する事態が発生ないし予見された場合、その国は従来ＩＭＦに預けてある資金のほか、このＳＤＲをＩＭＦから引き出して国と国との間の決済に当てることが出来る（もちろん、このＳＤＲを引き出して使った国は、一定の、国内経済引き締めのための金利の引き上げとか、増税とかいう条件を満たさないといけないが……）。」というものである。いわば約束手形のような紙に「あなたの国には○○億ドル相当のＳＤＲをあげますから、どうにも仕方がなくなったときはお使いください、その代わり国内経済をうんと引き締めてもらいますよ、そして、輸出を増やし、輸入を減らすようにしてもらいますよ」と言って、ＩＭＦが毎年加盟国全体、すなわち「理事会」の承認を受けた上で発行する一定量のＳＤＲ証券を、各加盟国に予め分け与えておこうというのである。これがＳＤＲ制度の概略である。

ＳＤＲの最終的な価値の保障はなにか。実はこの問題が、ＳＤＲをどのような計算に基づきどんな割合で加盟各国に配分するかと言う問題と同じように最大の問題とされた。前者の答えは前の簡単な説明の中でも書いたように、国際協調そのものがＳＤＲの価値の保障の源泉であるということで言い表すしかない。すなわち、今まで米国の通貨であるドルだけを価値あるものと考えることを止めて、そのほか英国だとか、フランスだとか、西ドイツや日本、場合によってはカナダとかオーストラリアとかイタリアとか（今となれば、中国もその中に入れてしかるべきかと思われるが）、とにかく政情が比較的安定しており、経済政策もしっかりし国際収支バランスもそれほど悪くはない二〇ほどの国が共同でＳＤＲの価値を保障しようというものである。むずかしく言えばまだまだいろいろのことがあるが、要するに「金」という金属がなくなり、米国が自国通貨ドルの国際的機軸通貨となることを嫌っている以上、そのほかのいくつかの国が自分たちの国の通貨が機軸通貨となるときに負わなければならない責任を少しずつ分担し、それぞれの国の経済を安定させていけば、なかに一つ二つ経済安定化に失敗する国が出てきたとしても、全体とすれば、それなりの価値あるものとしてこのＳＤＲが使えるのではないか。このような思想、どちらかといえば背水の陣を思わせるが、人知によって創造される「金やドルに代わる」価値物がＳＤＲであった。最初そんなものが、別な言い方をすれば無から有を生じるようなものが出来るものかと私は思ったから、「変なもの」と表現したのである。

ジュネーブの仕事に一応のかたをつけ、ワシントンのＩＭＦ本部に帰った私は、このアルトマンという人の下で、ＳＤＲの創出という天にも逆らうような仕事をさせられることとなった。

最初にやったのは、まずＳＤＲというものが発行されるとして、それをどう加盟国の間に分配するか、その方式を考え出すことであった。アルトマン博士は言った。あらゆる経済指標を坩堝の中に入れてみて「金」や「ドル」といった国際的に使える決済手段が不足して困っているのはどういう国であるか、算定してみようと。これには私も異論はなかった。日本の当時の外貨準備だって十数億ドルしかなかった時代である。アメリカはというと、ドル紙幣も必要なだけ印刷・発行すれば自ずと外貨準備が出来るようなものであった。ところが、アメリカ政府自体が、ドルが世界の国際決済通貨（機軸通貨とも言う）と成ることはまっぴらだ、と言い出している。すなわち、アメリカであろうとも自国通貨以外の所謂外貨準備が必要になることが将来生じて来るかも知れない事態となってきたのだ。

そこでアルトマン博士の下で私がやったことは、公正を期すためまずは国々の可住面積当たりの人口からはじめて、一人当たりの国民所得、物価、輸出入額、失業率、出産率（すなわち人口増加率）など、考えられるあらゆる経済指標を集める。それぞれの指標に重要性に応じてウエイトをつける。恣意的なところももちろんあった。しかし、私はできるだけ、各国の公表している数字を正直にあつめ計算機を使って、毎晩遅くまでガチャガチャと数字の計算に明け暮れる生活を送ったのである。この時私は一応課長としての資格をもらっていたので、私の下には部下としてまたアシスタントとして中国人とインド人、それにイギリス人とフランス人の四人がいた。課長の上は財務局次長である。この次長ポストにはアメリカ財務省出身のカールスという若い男がいた。局長は言うまでもなくアメリカに帰化していたアルトマン博士である。当時のＩＭＦの親玉は有名な医学者シュヴァイツァー博士の孫でフランス国籍をもち、シャルル・ドゴールの下で辣腕を鳴らしたこともあったというシュヴァイツァーという人であった。

私の数カ月間にわたる計算の結果が披露される日が来た。私は四人の部下をつれ、次長のいたところにその結果をもって行った。

私たちの行なった計算結果は約三〇ページの計算式と基礎データのつまったペーパーにまとめられていたので、ほとんど一見しただけでは各加盟国への配分率は容易にわからないものであったため、かなりの時間をかけて内容を説明する必要があった。ところが、そのアメリカ人次長は自国アメリカの数値にのみ、異常としか言いようのない関心を示すのであった。「この表を数日見させてくれ」と言うのがカールス次長の要求であった。当然さからう理由はない。

数日後、「この表をこのように修正して上に提出した」と言ってカールスが私に見せた最終的計算結果表を見た私は仰天した。アメリカに対する分配率が私たち五人の計算結果のほぼ四倍になっており、その結果、中南米諸国、中東諸国を皮切りに、アメリカ以外の国の数字がのきなみ減らされているではないか。しかも、われわれが正確を期して、何回となく計算しなおしたアメリカの数字が六種類ぐらいのいろいろな数字に書き換えられ、そこには赤い色鉛筆であきらかに誰かがその数字について異論を出したとしか思えないように、横線やらチェックの跡とかが書き加えられている。「これは捏造ではないか！」私は初めてこのカールスに怒鳴った。

カールスという男はハーバード大学のビジネススクールを主席で卒業したと、ある時われわれに自慢したことのある秀才である。頭も確かに良いが、人も決して悪そうな男ではなかった。彼は私にいかにもすまないという顔つきでこう語ったのである。私には彼が決して独断で数字の改ざんなどするような人間ではないと思われた。彼が私をわざわざソファーにまで招いて言った言葉は私なりに戦後を象徴する自分史の中でも最も印象に残った言葉の一つとなって脳裏に焼きついた。

「ミスター磯部」と彼はいつもと違い私を姓名で呼んだ。「国際公務員として私の犯した罪をどうか許してほしい。いままで、この表を局長と一緒に専務理事（シュヴァイツァー）のところで散々議論してきた。当然、専務理事はフランス人だから計算結果をその通り承認するよう理事会に提案すると言っていた。同席した財務省（アメリカ）の次官が最後まで彼と争った。ミスター磯部にはすまない。どうか、この赤で書き直した数字で許してくれ」。私には許すも許さないもなかった。一瞬にして、全てのことがわかったのだ。ここ数年間にわたり、アメリカの国際収支はそれまでにない累積赤字を出しており、仮にこのような事態が続いたら、国として最終的国際決済に使う資金さえ不足をきたす、破綻の危機さえ考えられなくもなく、その結果生ずる国際経済の混乱は計り知れず、まさしく世界経済は奈落に落ちる寸前まで行きそうだ、と言ってよい状況だったのである。

ＳＤＲはこうして日の目を見た。その後ＳＤＲなどという言葉は死語となったに等しい。しかし、今日、新聞紙上で日本の外貨準備高と言うところを見ると、そこにはちゃんと僅かながらＳＤＲが日本国の対外支払い手段の一部として記録されている。私はこの数字を見るたびに無量の感慨を覚えるのである。

一九八一年、思えば夏の暑い日であった。何の前触れもなくアメリカ大統領ニクソンはドルがこれ以上機軸通貨として使われ続けることを正式に拒否する声明を全世界に向けたラジオ放送で発表した。このニクソン声明が出された時、私は、ちょうど日本銀行の外国局で為替政策の担当部署にいた。あの時のＩＭＦ財務局次長の打ちひしがれた顔が彷彿として頭をよぎるのであった。

国際通貨とともに世界を飛び回る

私が七年間のＩＭＦでの仕事を終え、日本銀行に復帰したのは一九七〇（昭和四五）年の暮れであった。その翌年の七月、世界の為替市場を混乱の坩堝に陥《おとしい》れ、世界経済全体に多大の禍根を残すことになった、この米国ニクソン大統領のドル本位制度の拒否声明（所謂ニクソン・ショック）が報道されたのである。私にはこの事態の到来には、ワシントン時代から何となく予感があった。このニクソン・ショックについてはいろいろの解説が本として、あるいは論文として残っているが、もうその大事件ともいえる米国政府の、「ドルを基軸通貨とすることを拒否する」という一方的に行なわれた宣言のことは一部の関係者を除き、殆ど忘却のかなたに追いやってしまった感が深い。今日の米国の金融危機を契機とする世界経済の混迷が、いまから四〇年まえのこのニクソン・ショックにその直接的な端を発していた事など、思い起こす人なども少なくなった。

こんな動きがあってから二年後、それまで各国の通貨間の関係を一応それぞれある狭い範囲の中ではあったが、一定の固定比率で結びつけてきた絆の糸が完全にばらばらに切られてしまい、一九七三年三月以降、現在の毎日相場が変わってしまう、所謂変動相場制度がとられることとなったのであるが、それと同時に、正常な資金取引だとは思えない投機を目的とした資金が大量に、かつ迅速に、出る、入るの方向にしょっちゅう変えながら、いろいろの為替市場に出入りし、通貨自体を投機の対象にする取引が活発に行なわれるようになってしまった。

昔流の為替管理を既に過去の遺物として放棄してしまった国々は毎日大きな為替相場の変動に対しなすすべもなく見のがすのみとなった。為替相場の乱高下をグローバル化、自由化の代償として甘んじて受け入れるようになってしまっていたのだ。事態は一九六〇年代の末期に既にワシントンのIMFなどで予想していたとおりになったと言えば、それまでだが、この間いろいろな形で世の中に警告を発信し続けてきた私としては、まことに残念なことであった。

四〇年前のこのような大事件とも言えるニクソン・ショックのことを覚えている人がだんだん少なくなりつつある今、この事件の本質を書き残しておくのも私のような人間の義務であると考え、あえてここに私の見解を書き残しておきたい。数パラグラフ前で、私はニクソン声明の本質を「米国政府のドルを機軸通貨とすることに対する正式な拒否」と書いた。しかし、あたかも全ての責任が米国政府にあるとも取れるこのような言い方は、実は真実を伝える言い方ではないのかも知れない。基軸通貨というものは、どんな国でも安心して外貨準備として保有し、世界を旅行する人誰でもが、どこの国に行っても安心して訪問先の国の通貨に換えてもらえる完全交換性のあるお金として持って行ける通貨、そのほか、国境を越えたお金の授受もこの通貨で行なうよう決めておけば誰でも安心できる、国際的に通用するお金としてどうしても必要なものである。金属そのものであった「金」とか「銀」、そのうち特に「金」は長い間、国家間の最終決済手段として重要な役割を果たしてきたのであったが、「金」や「銀」は大自然が人類に与えてくれた鉱物資源であったから、当然のことながら、自ずと産出量に限界がある、あるいは産出する場所が世界の中で偏在しているなどの、決定的な物理的欠陥があった。それら天然資源である金や銀に代わり第二次世界大戦後は戦争による国力の低下が最も少なく、経済力が相対的に安定していた米国の通貨であるドルがたまたまそのすべての役割を果たすことになっていたのである。ある国の通貨が国際的に基軸通貨として認知されるようになるためには、その国の政治経済が安定し、その国には多種の金融市場が整備されており、人々の日常使う言葉も国際的に広範囲に使われ親しまれている、などの条件が備わっていなければならない。戦後の世界にはそのような条件を満たす国の通貨としては米国のドルしか存在しなかった。

何も米国は自ら好んでドルを世界の機軸通貨としたわけではない。英国、フランスなど戦前ではそれぞれの通貨もかなり広範囲に国際的な取引の決済に使用されていた国々もあったが、戦争による国力の疲弊、経済力の低下などから、戦後、自らの国の通貨が再び国際通貨になるための条件を失っていた。それよりも、これらの国々は自分たちの国の通貨が国際的基軸通貨となった場合に負う事になるいろいろな責任を負担するだけの政治的意志を既に捨てていたと言った方が良いかも知れない。戦後、鮮やかな経済復興を成し遂げた日本とか西ドイツにもそういう国際的な負担を負うだけの責任感を持つことは出来なかったというのが真実のところであろう。したがって、今日依然として混迷の色を濃くしていく世界経済の元凶がすべて米国政府の過去の政策の誤りにあったとする考えは、また誤りであると言わざるを得ない。

全ての元凶は要するに国際協調の精神の欠如にあるのである。

一国の政策が世界経済の運命を左右する時代はもう過去のものとなった。しかし、この点に関するかぎり、人類の学習力は余り良い方ではなかったのかもしれない。今やすべてのことがらは他国との連携の中で処さなければ何事も成就することは出来ないように世界経済の仕組み自体が変わってしまっているにもかかわらず、いぜんとして自国の利益のみしか考えない風潮がなお浸透してしまっているのは困ったものである。願わくは、従来からのテレビ、新聞、ラジオなどの報道手段に加え、まさに戦後の革命といわれるインターネットの普及が、国境をいつまでもこのままにしておこうとする非国際協調の風潮をぶちこわして、真に世界は一つであるという国際協調の方向に事態を戻してくれるよう力を発揮してくれることを祈るしかない。

ＩＭＦから私が日本銀行に復帰してから、約三年の年月がたっていた。私がワシントンより帰国した頃から日銀総裁の海外での国際金融に関する国際会議出席の頻度も多くなっていた。そういう中で当時の佐々木直総裁に外事関係秘書役が必要となり、昭和四七年四月から私がその職につくことになったのである。

翌一九七三（昭和四八）年、それまで約一年の間に既に佐々木さんに随行して二〇回以上の海外出張をこなしていたが、この年の三月にはその忙しさが頂点に達した。一週間の間にアンカレッジ経由パリに二往復をやったのはその年の三月、国際通貨情勢なかんずく為替制度の成り行きもいよいよ混迷の度を深めつつあった頃のことである。

忘れもしない。私は三月四日の金曜日に佐々木さんと羽田を飛び立ちパリに向かった。アンカレッジでの給油を終え、飛行機がシベリアの上空に差し掛かったあたりで、パリ国際空港が従業員の全面ストライキのため、突如閉鎖されたことを知らされたのである。飛行機は行き先を急遽ベルギーのブラッセルに変更、ブラッセルには午後八時過ぎに到着した。しかし佐々木さんには、その翌朝パリのクレベール通りにあったＩＭＦヨーロッパ事務所（その前年、それまでスイスのジュネーブにあり、私も勤務したことのあるＩＭＦのヨーロッパ事務所は、パリの凱旋門に近いクレベール通りの新しい会議室つきの建物に移転していた）での極めて重要な主要六カ国会議に出席しなければならない用事があった。たまたま日本の本国では春の国会開催中で、当時の大蔵大臣愛知氏は国内に留まっていなければならないという事情があり、佐々木さんが日本政府の主席代表であった。その夜に限ってブラッセルからパリ近郊まで飛ぶ飛行機は既に全便が飛び立ったあとであった。私は佐々木さんのただ一人の随行者であり、その晩パリまでいかに佐々木さんを送り届けるかは、私のこの細腕一つにかかっていたのである。私はとっさに、佐々木さんにパリまでタクシーで行くことを提案した。私と佐々木さんの間には既に絶対的な信頼関係が構築されてあり、佐々木さんも何の不安気もなく、「うん、そうしよう」と同意してくれた。その夜、ブラッセル、パリ間五時間をかけタクシーはわれわれ二人だけを乗せ走りに走った。幸い何の事故もなく、翌朝四時にはパリの宿舎ホテルオッシュに投宿した。その時までにパリ空港の予期せぬ閉鎖を知った東京の関係者は、われわれのブラッセル以降の足跡を探し、かなりの狼狽を示していたという。ホテルの私の部屋には東京からの電話が数回懸かってきていたことをしめす紙切れがドアの下に無造作に投げ込まれていた。

その日、佐々木さんが出席する予定だった会議では、それまでの為替の固定制度を今後も続けるべきか、あるいはほかの道を選ぶべきか、最後の決定がなされるはずであった。それだけに、報道関係者の関心も異常なほど高く、一日中日本ばかりでなく英国やアメリカの新聞からの特派員は私どもの動静をうかがっていた。

九時からの会議には佐々木さんは難なく間に合い、会議も予定の時間に始められた。予定では、その朝、すなわち一九七三年三月六日土曜日の午前中に主要六カ国は合意に達し、戦後二五年間続いたブレトンウッズ協定に基づく固定平価制度（例えば一ドルは何時《いつ》までも日本円でほぼ三六〇円という為替相場を続ける制度）を廃止し、今や平常の手段ではおさえることが出来ないまで巨額なものとなっていた投機的な資金の移動という新しい事態に対処しつつ、かつ世界経済の安定した成長を約束する新しい国際通貨制度に移行することが、世界に公表される手はずになっていた。

その前年新設されたＩＭＦヨーロッパ事務所内の会議室は特殊の構造になっていて、会議室内部からは外に控えている各国の随行者の方は見えないが、随行者の方からは内部の様子が、声こそ聞こえないものの、手に取るように見えるような仕組みになっていた。通常、随行者も会議室に入れていたのであるが、この日の会議は極秘会議であるということもあり、随行者の入室は認められなかった。会議室を取り巻くいわば待合室のような場所で私は往時の親しい友人に何人か会うことが出来た。ワシントンのＩＭＦ時代に部屋を隣同士としていた飲み友達でもあり、そのあと、オランダの大蔵大臣、国際決済銀行総裁、そして、最後は新設のヨーロッパ中央銀行の初代総裁になり、最初に発行されたユーロ紙幣に自分のサインが印刷されたと言って喜んだこともあるドイゼンベルグという人も（本人はオランダ人でもあり、当時はそれほどの要職についてはいなかったので、おそらくオブザーバーとしてではあったのだと思うが）そこにいたし、二〇〇三年まで英国の中央銀行（Bank of England）の総裁をしたエディ・ジョージなどの懐かしい顔もあった。

この建物の外部には世界中からの報道関係者があつまっていたが、会議出席者はもとより私ども随行者の外出は固く禁止されていた。午前九時ごろ始まった会議はどうなっていたであろうか。なかを覗き見ると、ジスカール・デスタン・フランス大蔵大臣（後の大統領）が何か机をたたいて咆哮している。シュミット西ドイツ大蔵大臣（後の首相）も立ち上がって何かわめいている。米国の財務長官コリガンは、いかにも平静を装っているような顔つきで聞き入っている。どうも米国対ヨーロッパの論戦が続いているようだ。

会議場の外にいた随行者やオブザーバーの中から突然ドイゼンベルグの声高な声が響いた。「こんなの待っていられない。ビールでも飲もう」。あたかもその声を待っていたかのように多くの随行者が彼に従った。冷えた缶ビールがどこからか際限なく運びこまれた。会議場を取り巻く部屋は一気に大宴会の様相を呈する。「どうせ中からは見えないんだ」と言い出す者も出る。そのうち隅の方ではカードが始まる。ソファーで昼寝を始めた奴もいた。本国に連絡のため電話にかじりついているのはアメリカ財務省の若造だ。私は昼寝組に参加した。なにせ前夜は一睡もしていない。昼食時にかかると、またとびきり上等のサンドイッチが差し入れられてくる。

ところが、部外者の話では、建物の外が大変なことになっていると言う。それもそのはず、予定では、会議は午前一一時半までには終了、その後、各国代表の記者会見があり、一時半からのエリゼ宮殿での午餐会に代表はもとより随行者一同も招待されているはずだ。それが、中からはなにも言ってこない。会議決裂か。不合意か。世界の為替市場はこの会議の結果を待っている。もはや、一刻の遅れがあっても只ではすまされない。不合意だとすれば、一体合意を妨げているものはなにか。いろいろ憶測が飛ぶ。後で聞いた話では、さきばしった「ロンドン・タイムズ」の記者が既に本国に合意不成立、会議決裂を報じていた。結果的にはそれが歴史的スクープとなった。後に帰国後知ったことであるが、東京の外国為替市場は一時閉鎖に追い込まれ、異様な雰囲気が続いていたという。思い返せば、あの秘密会議が開かれていた間、何らかの説明が外部にされていて当然であった。人間社会の混乱の原因は一寸した配慮で防げるものである。あの時われわれ随行者たちの対応の仕方は、確かにまずかった。外出禁止令は出てはいたが、「今はこんな状況になっています」くらいの説明は、すべきだったのかも知れない。私はそれ以来、従来にまして人の「知る権利」と同時に「どのように知らされるかを知る権利」という事について、深く考えるようになった。

こんな状況が午後も際限なく続いた。非常に珍しいことである。夕方になった。まだ内部の論戦は終わらない。夜になった。私もこの間何回か東京に電話をしておいた。日本では国会開催中の夜中ではあったが、「総理以下、金融当局の関係者一同まだかまだかと言っている。一体どうなっているんだ！」とどなられても、会議場の中のいらだった様子を報告するのみである。なにせ、中の声は一切聞こえないのだから。

皆がそろそろ昼寝からさめ、ビールにも程よく酔った頃の七時ごろともなると、そろそろ随行者の方も心配になってきた。会議決裂に備え、会議終了後の記者会見の内容をチェックする者、帰国のため夜行便を予約するもの。ホテルの予約をし直すもの、皆真剣になってきた。「夜の食事はどうなってるんだ?」とフランス銀行からの随行者が会議室のスタッフに詰め寄って聞いている。それでも、はるばる日本から、しかも昨夜はタクシーを五時間も走らせてやってきた私を除き、ほかの人たちの悩みはそれほどのことはなかったに違いない。仮に会議が合意に達せず、たとえ、一日置いて明後日にもう一回やる、あるいは来週土曜日に再度会議を開くということになっても、本国にはすぐ帰り、またあらためて出てくることなど容易なことである。アメリカにしたって、六、七時間の飛行距離である。コンコルドを使えば三時間半だ。日本の場合はそうはいかない。どんなことをしても、米国アラスカのアンカレッジ経由で一六時間。一週間に往復二回はちょっと辛い。本国からの指令も、とにかく会議が終わって見なければ、どうにもなるまいということに変わった。

それから何時間が経ったただろうか。午後の九時ごろだったのではないかと思う。突如として会議室の扉が開いた。中からは、相当の老齢者たちが顔を高潮させ、疲れきった表情で次々と出てくる。その中に佐々木総裁の肩をすぼめた姿もあった。ばらばらになったかなりの量の書類を私に手渡すなり、「合意はできなかった。アメリカとフランスがどうしても合わない。フロート（為替相場は今後はなんの規則もなく、上がったり下がったりする）にするそうだ。一週間後にもう一度集まるが、フロート移行を確認するだけだ。磯部、よく覚えて置けよ、今日のことを。だれもフロート移行を好んで選んだのではない、皆の意見が合わないから、どうにもならずフロートにするしかないと言うことになったんだ。だけど、フロートが今後長く続くようになったら世界経済はめちゃくちゃになるだろう。今日は隣にいたコリガン（アメリカ財務長官）があまりにも強引にドルの機軸通貨に反対するものだから、こんなことになっちゃったんだよ。こんな無秩序の状況を一日も早くやめさせ、新しい仕組みをつくるのは君たち世代の責任だ。よく覚えておくんだよ」と子供に言い聞かせるように、丁寧にしかもはっきり言われたのである。この点はすぐ電話で本国に報告し、文章としての詳しい報告は後刻パリ大使館の財務官からテレタイプで東京の大蔵省（現在の財務省）に送ることにした。

新聞記者のつくるカメラの砲列をくぐりぬけ、ホテルで約三〇分報道関係者に総裁から概略の説明があった。ある新聞社の特派員が、「今これを流すと明日の東京市場はどうなるか。閉鎖するのか」との質問があった。「なにもしません、市場は開いたままでしょう。為替相場は市場が決めます」と佐々木さんは言う。相場は市場が決める、この言い回しは今日でもよく使われる。私にはしっくり来ない言葉であったが、会議に出ていた方の発言である。仕方はなかった。フロートはこのようにして決まり、明日の相場すらいくらになるのか分からないという状態が現に未だに続いている。

その後、午後一一時ごろから総裁と私、それにパリ大使館に大蔵省から来られていた財務官、日銀パリ事務所の職員らは、セーヌ川のほとりにある有名な鴨料理店 Tour d' Argent にいた。佐々木さんが慰労会を開いてくれたのである。佐々木さんはまず、会議の内容を詳しく私どもに聞かせてくれた。ところが、ワインの酔いも出てきた頃、店の者がそっと私に近づき、「Monseur, permettez.Telephone directe à vous de Tokio, s' il vous plais.（すみませんが、あなたに東京から直通電話です）」と言うではないか。電話口には日本銀行の新木と言う秘書室長が出ていて、「国会の予算委員会がどうしても総裁から直接報告を聞きたいといっている。社会党の○○という人からの要求だ。すまないけど、総裁に伝えてくれないか」と言う。「佐々木さんは疲れていて、今度の土曜日までヨーロッパのどこかで静養したいと言っていますよ」と言って、一旦は電話を置いたが、数分後またしても電話があり、水曜日の予算委員会に出て、その夜日本を立てば次の土曜日までに十分次回の会議に間に合うではないかと国会側も強硬なんだと言われ、佐々木さんもしぶしぶ帰国を決意した。かくして一週間のあいだに二回、日本パリ間を往復することとなったのである。

そのあくる日、ヨーロッパ中が大変な冬末期の霧に襲われ、殆どの空港が閉鎖になり、またしてもタクシーでアムステルダムのスキポール空港まで行き、そこからやっと飛べそうなＫＬＭのエコノミークラスの席に座って帰国の途についた。羽田上空に多数の着陸待ちの航空機があり、すぐ降りられないと言うパイロットに、下で総裁の記者会見があることなど説明して強硬に降りてもらったりした。その時の出張旅行は大変な想い出ばかりを残した。

私も若かったから耐えられたのだろう。羽田での記者会見も無事終え、空港まで迎えに来ていた秘書室長と総裁そして私は霞ヶ関の国会議事堂に直行し、開催中の予算委員会の中まで総裁についていった。総裁が参考人席につくと、社会党の○○先生はひとこと、「総裁、ご苦労さまでした。SQR（本当はSDRというところ。SDRとは何であるかは前に簡単に触れた）はどうなりますかね」と質問、それだけである。それに対し、返答を行ない、委員会を帰りしなに「馬鹿な」ともらした佐々木さんの言葉が○○先生にも聞こえてしまい、あとで秘書室長と私が社会党の控え室に赴きさんざんしかられ、何回も頭をさげてあやまったことなども忘れえぬ想い出である。そして、その翌日佐々木さんと私はまた羽田からパリに向かったのである。そして、その土曜日、三月一三日に為替のフロート制への移行が正式に決まり、公表の運びとなった。この一週間、通貨そのものに対する投機家の跳梁に踏みにじられ、大混乱をつづけた世界の為替市場も漸く落ち着きをとりもどしたのであった。

以上のようなことは一般の人々は知らなくても良いことであろう。ただ、後年、ある有名な歴史家の方が一九七三年の国際通貨制度の大改革、すなわち固定相場制度からフロート制度（変動相場制度）への移行は、当時の関係者がそろって賛成し行なわれたと書いておられるのを見て、歴史家が書く歴史とはこんなものか、と思ったことを付け加えたい。私たちの説明不足もあったのであろう。当時の新聞の書き方を縮刷版で読んでみても、やはりフロートへ移行するに至った経緯がごく平坦に書かれている記事ばかりで、あれほどのけんか腰の議論がアメリカとヨーロッパ諸国の間にあったなどということに触れた記事は殆ど無に等しかった。歴史とはこんなものかも知れない。しかし、この場合はどうも私のような立場にあった人間の配慮不足が歴史に真実を書き残すことを阻害したとしか考えられない。大いに反省をしているところである。

物つくりの世界

私の日本銀行での生活はその後もロンドン、熊本支店、再度ロンドン、東京日本橋本店などと変転として続いたが、一九八五（昭和六〇）年の秋、突然、日立製作所の当時の社長・故三田勝茂氏から「日立に来ないか」とのお招きをうけ、二つ返事で日立への転職を決心した。その時の私の立場は、決して天下りといったものではなく、一般社員の年長者に与えられる参与という資格で、日立に入社したのである。当時存命であった父にこのことを報告するや、「お前、まだ五五にもなっていないじゃないか。どうして冷蔵庫の会社に移るんだ？」と言われ、困ったことを思い出す。会社のイメージとはそんなものかも知れない。原子力発電機器から、家電、交通車両、自動車の電気部品、電子工学製品までを作る総合電気メーカーで、年間売上高では世界でＩＢＭに次いで第二位の大きさを誇っている会社だなどと言っても、父は理解してくれなかったことであろう。

日立という会社に入って、最初に与えられたのは、旧御茶ノ水本社一〇階の財務部の片隅に置かれた一つのスチール机と一台の白い電話機だけであった。しかし、私の人生観を一変させてくれたのは、それから二カ月に渡りあたえられた「全国に展開する工場のどこでもよいから見て回れ」と言う上司の配慮、そして私のように全く異なる宇宙からとびこんだ人間を温かく迎えてくれた日立人たちのあたたかい気心であった。これらのことについてはこの書物では決して書ききれない。他の機会にゆずることとしたい。

日立製作所といえば「物つくり」の牙城である。物つくりという言葉は私の哲学的思考を刺激してやまない言葉である。物の価値は最終的には人間が自分たちの手をつかって作り出すものであり、物の交換とか、ましてやお金のやり取りだけからは元来「価値」というものは生まれることはないというのが私の信念ではあったが、日立製作所での工場めぐりは改めてそのことを私の心に深く教え込んでくれた。私はエンジニアではないので、直接物の生産という所業に携わったことはないが、これまでの「非物つくり」の世界での三〇年と比較してますますこの感は強まるのであった。

それはともかくとして、私が日立で最初にやらされた仕事というか、当面した問題は輸出代金を為替相場の変動からどう防ぐかということであった。私が日立製作所に転職した当時、この会社は製造するものの実に三七％を輸出していた。しかも代金は殆ど米国通貨のドルで入ってきた。このドルの相場が毎日変わるのである。それ以前に、為替相場の変動制への移行という自分が直接関与してきた制度変更の影響をここで実体験したという意味で、私にとりこれ以上の厳しい教育はなかった。

ここで改めて、三六〇円という数字はそもそもどこでどう決まったものであったのか、を考えた。思い出したのは、ワシントンにいた頃、これと同じ問題意識をもったことがあり、こういうことに関しては世界でも一番資料の揃っていなければならないはずのＩＭＦの文献資料館に入り込み、いろいろ調べてみたことがある。その時わかったことは次のようなことでしかなかった。戦後、昭和二四年ごろになって、日本に駐留していたアメリカの兵隊と日本の業者が直接（アメリカ軍の施設の外で）物の売買をすることが認められるようになったのであるが、ある量のおコメの値段がドルでいくらかということが問題になったことがあったそうである。その時、あるＧＨＱ（日本駐留軍総司令部）の軍官が、所謂ヤミ市場でなく、正常な市場でおコメ一石を買うとしたら何ドルぐらい出せば買えるだろうかという計算をした結果、一ドルを三六〇円ぐらいにするのが良かろうと言ったのが始まりであったという、極めてあてにならない話である。

時まさに、アメリカ向け、軽工業品、若干の繊維品などの輸出を手がけ出した人々にとっては、日本国内で物を売る場合に比較して、一ドルの輸出で三六〇円になるのであるから、こんなに儲かる商売はないように映ったにちがいない。

とにかくその後二〇数年間、金融当局もこのような状態をおかしいと思っていたのかどうか、今となると不明であるが、いつしかこの一ドルを三六〇円とする相場が固定相場として内外に公表され、以後ドルと円とを交換する時の唯一の相場として、これが君臨することとなり、それ以外の相場での取引は非合法であるとされたのだから、これを戦後経済の七不思議の一つに挙げる人がいてもおかしくない。

しかし、この如何にもいい加減に決められた相場は輸出立国を目指す日本政府の方針にとってこれほどの追い風となるものはなかった。ようやく一九六〇年代になると、三六〇円では少し円安すぎるのではないかと言う声が日本の中からも出てくる。しかし、それではいくらに決めればよいのかという議論の段階になると、誰しも答えらしい答えを持たなかった。とにかく、あんまり変なことが起こらない限りこれで行こうというのが政府、産業界の大半を占めた意見になっていったとしか考えられない。

恥ずかしながら、私にも三六〇円に代わるべき数字を提案するだけの理論的武器をもちあわせなかったし、今でもこれを理論的に説明せよといわれても手がかりが全くないのである。

ちょうどそういう情勢下での輸出比率三七％企業への転職であった。私が日立に移ったのは一九八六年、昭和六一年の四月一日である。その前の年、やはり日本円は安過ぎるとかねがね思っていた米国政府が中心になり、ニューヨークのホテル・プラザで、今思うと最後の国際通貨に関する大々的な国際会議が開催された。この会議を契機に既に為替の変動相場制に移行後二四〇円前後にまで円高となっていた円の相場が急に更に円高の方向に振れ出したのである。これには、所謂プラザホテルの合意が二四〇円でもまだまだ円安に過ぎるとしたアメリカをはじめとする国際世論を目覚めさせるきっかけを作ってしまったこともちろんであったが、ここでもテレビなどの報道が、先行き円はもっと高くなるとの思惑を作り上げ、円は一〇〇円でも円安過ぎるなどと無責任にも言い出す学者先生も飛び出して、この際円を買っておこうとする投機がさらに投機を呼んだこともまた争えない事実である。それ以降日を追うように円の価格は上昇を続けて行き、一九六七年の正月には二〇〇円、私が日立に入社した同年四月一日には一八〇円と急激な円高機運は止むところを知らなかった。それだけではない。円安に甘んじ、かつ円安を支えてきた輸出立国のスローガンが一夜にして輸出国賊論に変わってしまったのである。急に自国通貨は強いほど良い、国の品格はその国通貨の強さに表されるなど、それまでは、輸出産業の繁栄こそ国力を伸ばす道であるといってはばからなかった金融当局の責任ある立場の人間まで意見を豹変させたのである。そんななかで生産総額の三七％をドルだての輸出を行なっている会社のなかに飛び込んだのであった。

人間と価値観

私が日立に入社、輸出代金の受け入れの仕事に携わるようになってから、天のいかなる采配だったのかわからないが、おそらく私自身の勉強不足が祟ったのであろう。円高の動きは日を追うようにますます顕著になるばかりであった。日本の輸出入のバランスは毎年輸出超過をつづけていた。本来ならばこれだけでも円が高くなる要因は十分にあった。私も貿易黒字の累積傾向を見て、もっと円高は進むと考えてはいたが、その頃から貿易黒字を凌駕する「巨額かつ持続的な」円の価値の上昇だけを狙う投機資金が為替市場に入り出していた。一方グローバリゼーション、自由化の潮流は既に動かすことのできない世界的な傾向となっていたため、昔のように市場の波打ち際にある程度の城壁を築き、単に通貨の価値の変動だけを目的に動く資本流出入を水際で防ぐ為替管理をしくことなどということは、すでに当時の社会風潮からしても、物理的な事務処理能力からしても不可能に近くなってしまっており、円に対する投機買いがますます円高化のスピードを上げる役割を果たしてしまったのである。しかも皮肉なことにこの頃になると、日本の工業製品の品質はかつてとは比較にならないほど向上しており、日本製品に対する世界各国からの需要はどんどん伸びるばかりであった。

輸出は増える、しかし、代金として受け取るドルの価値は予想以上の速さで下がる。このような状況では輸出代金の目減りを防ぐ方法は簡単には見つからなかった。

日立の主力工場で生産する発電関係の機器を例にとると、例えばアメリカから注文を取ってから製品が完成し種々のテストを終え、めでたく船積みするまで、一年も、一年半もかかる製品もまれではない。受注する時一ドル一八〇円だったとしても、船積みが終わる時点で円は一〇〇円になっているかも知れない。あるいは逆に二〇〇円に円安になっているかも知れない。為替相場が変動制に移行し、しかも、上に述べた通貨に対する投機的な動きが同じ為替相場に大きな影響をもたらしても不思議でない仕組みになっている以上、どうにもならないことであった。

私はすでに前項までに述べたようにＩＭＦでもこの問題にさんざん頭を悩まされ、さらには、前の職場でも固定相場から変動相場の制度移行にかかわる問題についてはほとんど自分の問題であるとして考え抜き、また散々苦労された先輩を見てきたのである。一応日本銀行でも為替の問題には直接の関係はなかったが局長のポストを二年間勤めてきており、そういう男が突然飛び込んでくれば、この男がこの円高に次ぐ円高の動きを当然予測し、輸出代金の目減りを防いでくれると日立の幹部が期待するのは当然のことだったろう。

ところが私に対する期待はものの見事にはずれ、日を追って強まる円高の前に、私に対する不信感は日増しに強まっていく。上司に「為替相場というものは毎日予想しなかったことで上がったり下がったりするものです」といかに説明しても、通じるわけはない。過去数十年間円安の、しかも固定相場の世界に生きてきた人たちに理解出来なかったのは当然と言えば当然であろう。私は過去自分がこの目で見て来た世界的な制度の変革が実際の企業活動に、このような動揺を齎《もたら》していることを実見し、改めて驚きと悲痛な気持ちにかられたのである。

このような状況が続き、通貨当局（当時の大蔵省や日本銀行など）としても、輸出立国の旗印は降ろさねばならないと感じだしたのはこれまた当然のことであった。それはそうとしても、テレビや新聞の報道の中で、それまでの輸出が一夜にしてあからさまに善から悪に変わったのにも驚かされた。輸出は日本を悪くすると報道機関は一斉に書き立てる。テレビでも騒ぐ。私はある程度仕方ないとは思いつつ、何か終戦時に感じた日本人の価値観のもろさ、終戦時に起こった価値観の大回転を想起した。急激な円高は輸出企業にとり、対応するだけの時間的余裕を与えなかった。輸出企業は一夜にして国の経済に害毒を流す「よからぬ会社」に変わってしまったのである。

数年が流れ、各輸出企業の内部的努力で輸入を増やし、輸出部門から人員を他の部門に移す努力が実をむすんで、漸く円高にも対応できる企業体質に変わっていったのであるが、この間輸出企業、しいては日本経済全体が失ったものも決して小さくはなかった。戦後の経済復興の過程で、輸出が国民の雇用の増加ならびに所得の向上に寄与したことは否定できない事実である。しかし、この国においては、一旦悪者にされたら最後、生き延びられるのは一部政治家とジャーナリストだけであるといわれるが、あながちそんなことも誇大な言い方ではないことをいやと言うほど知らされたのである。

極端な貿易の黒字体質は良くないことをもっと早くに気づき、内部体質を変えていくべきであった。後になるとそのような反省は可能である。変動相場制に移行した際、日銀佐々木総裁が言っていたような「変動」の怖さを、私はここで初めて実際に体験したのである。別の言葉で言えば、その創設の時から国際通貨基金が恐れていた「巨額で持続的な」資本移動のもたらすものが、現実の問題として表面化して来たのである。しかし、これは一人輸出業者だけの問題ではない。今日世界中の人々を苦しめている「世界的金融危機」も、根源はこの世界を飛び回る短期の流動資本によるところが大であるからである。

物つくりの世界について、もう一つ書いておかなければならないことがある。これまで書いてきたように、私は日立製作所に勤務するまでは物を作りだす所業とは全く関係のない、いわば「非物つくり」の世界にばかり閉じこもっていた。

人は一人では生きていけない。これは、それが非物つくりの世界であろうと、物つくりの世界であろうと、全く変わりはない。人は自分の成すことについてそういう意味では生まれながらにして社会的責任をもっていると言わざるを得ない。自分のやることにおいて、手を抜いたり、ここは他人の知るところではないからいい加減にやってもかまわないだろうと言う考えは、したがってどこの世界にいても、かりにそれが「非物つくり」の世界であったとしても、取れないはずである。この原則は人間社会を運営していく上で、まず第一に挙げなければならない規範であろう。

ところが、非物つくりの世界にいた頃、身の回りにある車であれ、電気製品であれ、およそメカニカルな製品をみると、この機械の見えないところのどこかには、きっとそれを作る段階でいい加減に手を抜いているところがあるのではなかろうか、物を作る人にそのものを一〇〇％完璧に作る気持ちなどないのではないか、また、その機械の心臓部であればともかくとして、周辺の方にある、機能的にも絶対必要だとは思えない部品などには完壁に作る責任感とか良心など期待できないのではないだろうか、と考えたこともあった。

しかし、実際物つくりの世界に飛び込んでまず驚いたことは、ものを作る人々にはそういう社会的に無責任な考え方は万に一にもないと言うこと、そのような当たり前のことがそれまでは分からなかった自分を大いに恥じたのである。これは、何も会社創立以来、社員に徹底した物つくりとしての責任感を植え付けてきた日立という会社に限ったことではなさそうであった。人として、いずれ他人に使われる物を完璧なものに作り上げる、隠れた良心というものが全てに感じられたのである。むしろ今さらこんなことに気づいて驚いている自分が、恥ずかしく思われるほどであった。これは、人は他人を殺せないものであるということと同じ、人は満足に動かない機械などというものは作れないという、人間本来の良心というか、人間性に基づくごく自然の考え方に基づくものであった。

「非物つくり」の世界にはこのような人間本来の「良心」が不足していると言っているのではない。ただ、私はこれまで「非物つくり」の世界と「物つくり」の世界とほぼ同じ長さの生活を送ってきたが、率直に言って、「物つくり」の世界の方にどうもこの点では軍配が上がるのではないかと考えるのであるが、はたして読者の同感を得られるであろうか。金融市場の公正な運営に直接的な責任を持っている人が、その職責にある時に、その市場の健全な秩序を犯しかねないところに資金を投資していたと言う、一般常識では考えられない行為を行なっていたという報道があった。私の持論からすれば、事実の徹底的解明を待たずには何も論評できないが、もし事実だとすれば「非物つくり」に極めて不利な汚点となるだろう。

日本の金融危機

早いもので「物つくりの世界」に飛び込んでから、一五年余の年月が流れ、普通であったら、とっくに引退し、孫の世話でもしてそろそろあの世からのお迎えの準備に取り掛かっても良いと思われた六七歳、末期高齢者の予備軍に入ったと言ってもおかしくないと自分でも思った一九九七（平成九）年の六月、日立は私を同社の副社長待遇とし、かつ日立本社の中に作られていた一〇〇％子会社「日立総合計画研究所」の社長職をくれたのである。それまでは、日立製作所の社長自らが社長を兼務していたこの会社は、日立の運営を調査企画者の観点に立って内部から支えていこうという目的で既に四〇年も以前から存在した会社である。任期は日立製作所本体の社長などと同じく、七〇歳の誕生日までという条件であった。

その翌年のある日、私は政府の官房長官から突然の電話で呼び出しを受けた。当時の総理大臣は、総理の職半ばで不幸にして他界された小渕恵三氏であった。小渕首相からの直接の指名で、私にしばらく手を貸してもらいたい事態が発生したと言う。

一九九五年中ごろから、アジア諸国は所謂通貨危機に直面していた。私に言わせれば、全ての原因は国際社会が第二次世界大戦終了当時から既に「いずれは」と、その眠れる獅子が頭をもちあげ動き出すことを密かに恐れていた「巨額にして持続的な余裕資本」が戦後半世紀余をへて、いよいよその動きを露わにしたことにあったのである。

第二次世界大戦終結とともに、世界の国際通貨体制は安定したかのように見えた。為替相場の固定制度は戦争で疲弊した世界経済の復興には大いなる支えとなっていたし、米国ドルの機軸通貨としての役割はこの復興を助ける上で大きな貢献をしてきた。この為替相場固定制とドル本位制に支えられた世界経済の安定期はほぼ二五年間続いたのであるが、その後、戦争の被害を直接受けた英国、フランスなどの国々の経済復興に加え、かつての敗戦国、西ドイツ、日本などの経済発展、産油国の石油価格の引き上げ、ドルの基軸通貨からの離脱など、当然起こるべくして起こった大変化を経て、世界中を一瞬にして動きまわる、方向性の定まらない、正しく神出鬼没の形容詞があてはまるような巨額にして持続的、流動的な余裕資金が生まれ出ていたのである。その、如何に巨額かについては諸説あるが、おそらく金額にして一〇兆ドルは下廻ることはないであろう。

そのような巨額にして持続的かつ極めて流動的な資本がアジア諸国の通貨を襲ったので

ある。少なくとも、私にはそう見えた。

戦後、物の貿易取引を主として取り扱ってきた世界の為替市場は既に一変していた。貿易取引に付随する資金取引は全体の資金取引の中で僅か一〇%ぐらいを占めるまでにその割合を落とし、代わりに資金（お金《かね》）の取引だけを目的とする取引が全体の九〇%を占めるまでに成長していた。

物の生産とか貿易を目的にするのではなく、通貨自体の価値の変化に儲けを求める純粋の投機資金が世界を回りだしたのである。まず、香港市場を襲ったこれらの投機資金はアジア諸国の通貨を次々に襲っていった。それらの国々の国民生活はこのような投機資金の激しい流出入の結果、為替相場の乱高下の犠牲になり、国内物価の大規模な変動、不動産価格の暴落、不動産の転売、株価の乱高下、失業の増加などの脅威に怯えるのであった。

日本の国内経済、金融市場も例外ではなかった。平成一一年ごろから騒がれ出した日本の金融危機はそのような世界的流動資本の動きと決して無縁ではない。このような世界的規模での資金移動が、人々の金銭感覚に変化を生じせしめたのが金融危機の直接的な弊害であったと私は思う。金融当局の最高責任者であった人がその職務にあるとき某投資ファンドに資金を出していたことが報じられたが、これも金銭感覚喪失の一つの例であったかも知れない。

日本人の金銭感覚の狂いはまず不動産取引から始まり、つぎに異常な株式の売買に移っていった。巨額な不良債権を作ってしまった銀行、利益優先主義の犠牲になり、不自然な決算を行なって自ら墓穴を掘ってしまった証券会社、これら金融機関との取引で大きな負債を作ってしまった一般人、私には全てこれらの関係者は特に精神面で、不幸にしてこの世界を飛び回る余裕流動資金の食い物にされたものであるとの認識を捨てきれない。ひろく世界的、歴史的感覚からみれば、これらの不幸な事態は既に一九四〇年代のなかば、戦後の世界経済の設計図を作ったブレトンウッズ体制が生まれた頃から、予想されていた事態なのである。

銀行組織は人間で言えば骨格であり、金融は血液である。そのどこかに狂いを生じ、日本に前代未聞のたいへんな金融危機の時代が訪れたとされたのである。時の総理小淵氏は国務大臣一人と、数人の民間人にこの金融危機を何とかするようにとの要請をだした。その数人の民間人の中に私も加わることになったのである。行政から独立し、最高の決定権限を与えられた委員会が内閣府の中に設けられ、主として銀行の不良債権を精査し直し、資本を充実させ、引当金を積ませて銀行の自己資本比率を高め、よって日本の金融機関に対する信用を回復させせようと言うのであった。

この金融再生委員会と呼ばれた新しい組織の仕事ないしはその成果については、まだいろいろの評価が存在する。私がここで敢えて書きとどめたいと思うのは、私たちの行なったことが、その時の報道機関（テレビ、新聞）などにより、どのようにして一般の人々に伝えられたか、その過程についてのことである。

「巨額かつ持続的な」流動資本が自由に通貨価値の上がり下がりだけを儲けの種にして世界中を飛び回ることを可能にしたのは、まさに私ども世代の責任である。このことに対しては後進のかたがたに何ともお詫びの言葉もない。しかし、私の筆はここで動かなくなってしまう。何故か。最後にどうしても書きたいことがある。しかし、それは現在まだ現職に居られる方、公共放送として飛ぶ鳥も落とさんばかりの権勢を張っている某テレビ局、そして経済記事では自他ともに比類ない名声を全国に伸ばしている金融経済専門新聞社に対する直接的批判を書こうとしているからである。

報道のあり方――「知る権利」と「どう知らされているかを知る権利」

私には、新聞人としての血が流れている。ジャーナリストの頭と体の動かし方には普通の人以上の理解を持ち合わせていると信じている。また、いまやわが国のみに限らず、どこの国でも一番優秀な人材がジャーナリストの職を選んでいること、事実この世界には極めて優秀な人が多いことも熟知している。私がどうしても頷《うなず》けないこと、批判したいことは、これら全部のジャーナリストまたはジャーナリズムにあてはまることであるとは言わない。事実この書物を出版するとすれば、出版事業というジャーナリズムの一角を担われる方の力添えがなければ実現しなかったからである。

人の行なう所業においては、どんな事をとっても一番大事なことは信用ということである。特に金融業というものは信用が全ての根幹である。金融というものが人類社会を円滑に運営していくにはなくてはならない大事なインフラであることは改めて述べる必要もなかろう。したがって人類社会にとって一番大事なことは「信用」ということである。

金融庁の仕事についた私たち数人のものは、一つ一つの銀行の普通は見てはならない帳簿を開いていった。これは法律に基づく正当な仕事であった。

ことの性格上、これからあとは例として書くにとどめたい。今ここに、多くの一般の人は知る必要もない、しかし、それを今是正しなければ、あるいは将来その銀行の根幹を揺るがすことになる可能性も一〇％の確立でありうると思われる欠陥をわれわれが見つけたとしよう。これがもし、一般の人々に誇大に伝えられたとすれば、その銀行の信用に傷がつくかも知れないと、われわれ専門にそのようなことを扱う者は考えたとしよう。さて、これは一般のあらゆる人にとって「知らなければならない」「知る権利」のある問題であろうか。とりあえず、知る権利はあるとしよう。なかにはその銀行の預金者もいるだろうからである。

それでは、このとき、この銀行の残した過去のごく小さな欠陥ないしはその時の法律に照らせば誤った行為と目されていたものがはたしてどのようにして人々の耳に入ったのか、その入り方を知る権利は人々にあったのか、なかったのか？　ということを考えてみよう。

当時流行歌手としてかなり有名だった某氏がハワイにホテルを作ると言い出したのに某銀行が何千億円かのお金を貸して、それがまるっきり返済不能の不良債権になってしまった。このような事例に直面した時のわれわれの査定は厳しかった。報道機関もそれ相応の報道をし、その流行歌手に巨額の貸し出しをした某銀行も、また、その流行歌手本人も共にそれ相応の社会的制裁を受けた。

しかし、ある地方の努力家の町長が、町おこしのためにホテルを作った。それに対する某地方銀行の貸し出しが半分以上五年もこげついている。もちろん、われわれとしては法律にのっとって、適正な判断をくだした。その際私どもはもちろん銀行の名は出さず、一例としてこのようなことが見られるとだけ報道関係者に説明した。そして、報道関係者もその時にはそれ以上の説明を要求してこなかった。

私たちは霞ヶ関の某所を仕事場とし、日夜そこにこもっていたが、部屋の外は報道機関の人たちでいつも立錐の余地もなく、私たちも仕事場の出入りにはいろいろ苦労をしたものである。

その日の会議にはこんな議題がかけられるということだけは毎日広報を通じて事前に報道関係者に知らされてあったが、そんなある日、私は仕事を終え、家路につくためドアを開けてびっくりした。若いあるテレビ局の女性記者がドアの横に掛かった委員会のたて看板を背にしてマイクを手にして立ち、その前に数台のテレビカメラが放列をつくって彼女を写している。その時の彼女はあたかも女優になった気分であったのか。夜会服としか言いようのない派手な洋服に身を包み、派手な化粧をし、やや紅潮した顔で盛んになにかをしゃべっている。そこでは私どもが数時間まえに、彼女らにごく丁寧に、決して大げさにならないように真実を説明したばかりの案件が、まるで天と地を逆にしたような表現で語られているではないか。

私は、その後その局内では主流に乗り、今現在女性ディレクターとして、ますます名声を高めている当時は経済記者の一人であった彼女の顔を忘れることはない。またそれを、その夜七時の皆が最も注目するニュース番組のなかでいかにもおおげさに事大的に取り上げ、例の女性記者の書いた記事を読んだ某アナウンサーの生真面目な、時には薄笑いを漏らすような独特な顔、そしてこの小さいが真面目な銀行の信用にもかかわる事柄をいかにもこれまで見たことも聞いたこともないと言わんばかりに蔑《さげす》んだ声で報道していた姿を忘れないであろう。彼らはそのニュースで「とうとうたいへんなことがおこりました」と言い、「このように皆さんの知らないところで、公共機関である○○銀行がこんなことをやっていたのでした。その連鎖反応が起こることが心配されます」と言い、さらに「……と言うのが大半の方のご意見でした」と結んだ。もう一人のアナウンサーは、それこそ天変地変が一度に起こったときのような真面目で怖い顔つきで「大方の意見としては、その銀行のここ数年間の経営上の膿《うみ》が一度にでてきたのではないかということです」と言ったものである。大方とは一体誰と誰とを、あるいはどれだけの人々をさして大方と言うのか。連鎖反応が起こることが心配されるなら、何ゆえそんな言い方をしなければならなかったのか。そのアナウンサーは他の番組でも良くそういう言い方をする人で、単にその人の口癖が出たのかも知れない。ただ、金融という信用が第一のことについてのニュース報道にわざわざこのようなアナウンサーを選んだ当該テレビ局報道部の無神経さというか、無責任さというか、報道の質、品格の低下に私はなかばあきれ、かつ悲しく思ったのである。その一寸したことがその翌日以降、その銀行に預金者の取り付けを受けさせ、さらには同種銀行の信用まで疑われる機運を醸し出してしまった、あのにがい経験を忘れることはできない。

多くは書きたくないが、同様の、残念な報道姿勢が金融・経済を専門とする某新聞にもあった。「長引く不況の結果、云々」という言い回しである。内容はそれほどではないことが多かったのは、結局「整理部」と称される、見出しをつける責任のある部署の、一般社会からの距離が遠隔に過ぎたせいであろうか。何回も何回もどんなに客観情勢に変化が出てきていても書き続けられた、この冒頭の文章がどれだけの人に消沈する機運を与え続けたことか。不況の度合いをことさら強めたのも、かかる無神経な報道当事者の態度ではなかったかとすら思うのである。

しかし、現代のジャーナリズムの功罪を考える時、新聞ではなく、情報を直接視聴者の感覚器官に押し込む電波を利用した新しい報道手段、テレビとラジオを第一に取り上げなければなるまい。

私は、二回、都合六年間仕事の関係で英国首府ロンドンに在住した。当時は仕事のストレスも多く、眠れぬ夜にたまる疲労をいかに克服しておくかが、自分自身にとっては重大問題であった。ある時、いつもつけっぱなしにしていたBBCから少し離れた周波数のところに夜通しニュースと音楽のみを聞かせる民放のあるのを知った。残念なことにその民間放送のコール・サインも忘れてしまったし、現在も引き続き同じようなスタイルでの放送電波を送り続けているかどうか、最近の英国出張者に聞いてもらって来て欲しいと思いつつ、まだ果たしていない。このラジオ放送は一晩中ニュースと音楽しか放送しない。アナウンサーの声はニュースを読む時と、聞かせる音楽に関する作曲者、演奏者、年代など簡単な説明意外には聞いたことがない。この放送は私が一回目にロンドンに住んだ時発見し、ほぼ四年後の二回目のロンドン勤務の時にも全く同じ放送スタイルを保っていた。要するに音楽とニュース専門のラジオ放送である。

さて、その後東京に帰って日本にも有力放送局が深夜放送と銘を打った番組を持っていることに当初は感激したものである。それは、現在のラジオ第一放送が毎夜一一時二〇分ごろから放送している「ラジオ深夜便」の草分けの頃のことであったと思う。この頃の深夜便は、私がロンドンで楽しんだ番組によく似た構成で、毎時間のニュースと日本の曲、西洋の曲などをとりまぜた音楽とそれについての簡単な紹介が殆ど翌朝五時まで続いた。ところが、である。たまたま転勤もなくなり、何年間もこの深夜放送を聴くにおよんで、なるほどここは日本だなあ、と感嘆もし残念にも思ったことが出てきたのである。要するにこの放送内容の、私に言わせれば余計な増殖というか繁殖振りがそれであった。特に女性アナウンサーが担当するようになって、変化がはげしくなった。まず、アナウンサーがいつしか自らをアンカーと呼ぶようになる。この程度は良い。ところが、明らかにこれらアンカーの誘いもあって、これを毎夜聞いている特にお年寄りからのアンカー宛の手紙だか、葉書だか知らないが、「アンカー様、何々です。毎夜楽しく聞かせていただいています」と言うそれらを読むアンカーの言葉が入りだした。女性アンカーは得意なのだろう。それをニュースと音楽の間、必ず読むようになった。こういうものは自然エスカレートしていくものらしい。そのうち、それらアンカーを囲む夕べがつくられた。その夕べは何時、どこで、アンカーのだれだれが出て行なわれるという宣伝文句が加わる。アンカーを囲む夕べが終わってからがまたたいへんである。夜中の放送の中にキャーキャー喜ぶ一般人の黄色の声、それを聞いてますます得意になるアンカー様の声。まるで政治家のお出ましである。いまでは、聞きたくもない「深夜便の歌」などがわざわざ作曲されニュースの前に入るようになった。番組も多彩になった。お医者さんの話が入る、各地の「深夜便特派員」と自称する人の声も入る、朗読、文芸番組も入ってくる。という訳である。聞きたい人だけが聞いて喜ぶ、この「深夜便」をお互いの交流の場所にする。これは良いことかも知れない。ところが、外で、バスの中ででも、スポーツ・クラブででも、「あんた、夕べの深夜便聞かなかったの？　そら、あの人が言ってたわよ。……」「だめよ、深夜便ぐらい聞かなきゃ……」などという言葉が耳に飛び込んで来るようになったのである。

私は何もこの新しい放送文化の発達、人々のコミュニケーションの広がりに反対しているわけではない。私がいやなのはせっかく煩《うるさ》いアナウンサーの声を忘れて静かな音楽と夜を過ごしたいという気持ちが妨害されたことを悔やんでいるだけではない。公共放送の番組だから「聞かなきゃだめよ」ということにまでなっていく放送文化が嫌なのである。しかも、われわれは、視聴者として、料金をとられながら、このようなものを聞かされている。これはまさしく公共放送という名の権力者の誕生ではないのか。静かに音楽だけが楽しめたあのロンドンの夜が今では懐かしく思うのである。

残念なことにこれはたくさんあった同じような事例のひとつに過ぎない。もっともっとひどいこともあった。しかし、報道とは何かを考える時、その答えを出すことがいかにむずかしいことか。私には分かりすぎるほど良くわかる。と同時に「知る権利」はもちろんのこと、「どのようにして情報が伝達されるか、その過程を知る権利」こそ、一般の人々にとってはとても大事なことではないだろうか、と思うのである。

静かにこの半世紀を忙しく流れていったいくつかの事柄を思う時、父がこの世を去る数日前、「もう一回生まれたら、新聞記者になる」と書いた文章を思い出さないわけにはいかない。私は何と書いて、この世を去ったらよいのだろうか。

むすび

初めの方で、私は今日の日本のジャーナリズムを愛着と批判とがまざりあった気持ちで見守っていると書いた。

愛着の面はともかくとして、批判を持っている点の最大の点を最後に記しておく。日本のジャーナリズムで私が最も批判的になることは、ジャーナリズムが所謂「有名人」を作ることに腐心するあまり、本来報道しなければならない人々の小さな社会的努力に光を与えるという重要な仕事を忘れているのではないかと言うことなのである。例をいくつか挙げたい。

もう何十年も前になるが、一時どこの高校からどこの有名大学に一番たくさんの合格者が出ているというような統計を紙面やテレビの音声から抹殺しようという動きが出てきたことがあった。私はこれこそ日本の学歴社会を改革し、どの人にも生きる勇気と生き甲斐を感じさせるための戦後最大かつ最善の報道改革であると感じたのである。ところが、いつの間にか、なし崩し的に週刊誌あたりからこの良き風潮が崩れていった。私が日立製作所に入って最も感動したのは、この会社の中には誰はどこの大学を出ているから良いとか悪いとかいう考え方が存在していないことであった。確かにある大学の工学部、それも電気をやった人でないと社長になれないという話は聞いたこともある。しかしだからと言って、社員が所謂学閥に左右されて仕事に愛着を持つ、持たないということがない社風であった。いろいろな国で自分の子供たちの受けた教育を見て来たが、もちろん英国のように最初から公立学校に入れる人、入れない人を決めてしまう国もあった。アメリカですら、あの人はハーバード大学の出身者だ、そうではない、といったことを言う人もいるにはいた。

しかし、人がどのような生まれ方をしてきたか、どんな大学をでて、どんな職業についているか、その大学は有名校かそうではないか、職業にしても有名な会社の社員か、名もない会社の社員か。会社に勤めていないとすれば一体何をやっている人か、その人のやっていることは民に属するのか官のほうに属するのかなど。これほど馬鹿げたことで人の人格を推し量ろうとする国は、日本を除いてないのではないか。その悪弊を助けている者こそ、日本のジャーナリズムそのものではないかと思うのである。

日本の将来を良かれと思う余り、いろいろなことを書きすぎた感もなきにしもあらずである。一老人のつぶやきとして読んでくださったとしたならば、この上ない幸せである。

［著者略歴］

磯部　朝彦（いそべ・あさひこ）

1933年　東京で生まれ、生後９ヶ月で中国ハルピンへ移住。
1940年　中国北京日本人小学校入学。
1941年　帰国後、千葉県立師範学校付属小学校に転校。千葉県立千葉中学校、千葉県立千葉高校を経て、
1956年　一橋大学経済学部を卒業。日本銀行入行。
1957年　米国オハイオ州立大学大学院入学。
1958年　同大学院卒業、M.A.取得。帰国後日本銀行京都支店、大阪支店、本店外国局を経て国際通貨基金（IMF）に出向。
1970年　日本銀行外国局、ヨーロッパ事務所（ロンドン）、熊本支店長、外国局参事等を経て、日本銀行業務管理局長。
1986年　日本銀行退職、株式会社日立製作所入社。
1997年　日立総合計画研究所（日立総研）代表取締役社長。
1998年　政府金融再生委員会委員、金融庁顧問会議メンバー、整理回収機構顧問等を歴任。
2001年　日立製作所顧問、米国タフツ大学フレッチャー・スクール日立技術・国際問題研究センター評議委員会議長、中国青島大学名誉教授就任。
2003年　日立総合計画研究所代表取締役社長を退任。日立製作所名誉顧問となり現在に至る。
2005年　米国タフツ大学フレッチャー・スクール日立技術・国際問題研究センター評議委員会議長退任。

私の生きた時代――ジャーナリストのDNAで考える

2009年３月31日　第１刷発行

著　者　　磯部朝彦
発行者　　片倉和夫

発行所　株式会社　八《はっ》朔《さく》社《しゃ》
東京都新宿区神楽坂２-19　銀鈴会館内
電話　03-3235-1553　Fax　03-3235-5910
E-mail：hassaku-sha@nifty.com

印刷／製本・藤原印刷
ISBN978-4-86014-043-4

八朔社

菅原伸郎・編著
戦争と追悼
靖国問題への提言
二一〇〇円

小林　昇・著
山までの街
一八〇〇円

ペーター・ライヘル・著　小川・芝野・訳
ドイツ　過去の克服（叢書ベリタス）
ナチ独裁に対する一九四五年以降の政治的・法的取り組み
二八〇〇円

水岡不二雄・著
グローバリズム（21世紀の若者たちへ）
一八〇〇円

新保芳栄・著
実務者からみた金融機関行動と不良債権問題
一八〇〇円

大久保真紀・著
ああ　わが祖国よ
国を訴えた中国残留日本人孤児たち
二〇〇〇円

定価は消費税を含みません